D1699110

Вымершие животные
Полная энциклопедия

УДК 820
ББК 28.1
В 92

Печатается по изданию:

«EXTINCTOSAURUS. Encyclopedia of Lost and Endangered Species».
Quartz Editions, 2001

Перевод с английского Ольги Озеровой

В 92 **Вымершие** животные: полная энциклопедия / Пер. О. Озеровой. — М.: Изд-во Эксмо, 2005. — 256 с., илл.

ISBN 5-04-088269-6

УДК 820
ББК 28.1

Ответственный редактор *Л. Кондрашова*
Редактор *Д. Селиверстова*
Дизайн переплета *И. Сауков*
Компьютерная верстка *Г. Дегтяренко*
Корректор *Г. Гагарина*

Подписано в печать с готовых монтажей 06.10.2005.
Формат 60x84^1/$_8$. Гарнитура «Квант антиква». Печать офсетная. Усл. печ. л. 29,76.
Доп. тираж 6000 экз. Заказ 8463.

ОАО "Тверской полиграфический комбинат"
170024, г. Тверь, пр-т Ленина, 5. Телефон: (0822) 44-42-15
Интернет/Home page - www.tverpk.ru Электронная почта (E-mail) - sales@tverpk.ru

© Translated from the original English language edition produced by Quartz Editions, Premier House, 112 Station Road, Edgware HA8 7 BJ UK
© QUARTZ EDITIONS 2001
© О. Озерова. Перевод, 2001
© ООО «Издательство «Эксмо». Оформление, 2003

ISBN 5-04-088269-6

Вымершие ЖИВОТНЫЕ
Полная энциклопедия

Москва
Эксмо
2005

Содержание

Введение 5

Доисторический мир 6

Парейазавр 8
Диметродон,
    или спинозавр 10
Лагозух 12
Триасохелис 14
Динозавры 16
Птерозавры 40
Плиозавры 46
Плакодонты 48
Плезиозавры 50
Первые млекопитающие . . 52
Летающие драконы 54
Саркозух 56
Аммониты 58
Латимерия,
    или целакант 60
Форораркос 62
Глиптодонт, или гигантский
    броненосец 64
Смилодон 66
Пещерные медведи 68
Гигантский наземный
    ленивец,
    или мегатерий 70
Шерстистый, или
    волосатый, носорог 72
Диниктис 74
Мамонты 76
Альтикамелус 78
Мезогиппус 80
Эндрюзарх 82
Дипротодонт 84
Платибелодон,
    или лопатобивневый
    мастодонт 86
Индрикотерий 88
Литоптерны 90
Бронтотерий 92
Мезозавр 94
Дейногалерикс 96
Доисторические
    долгожители? 98

Вымершие птицы 100

Археоптерикс 102
Синозавроптерикс 104
Дронт, или додо 106
Перелетный голубь 108
Шуазёльский голубь,
    или хохлатый голубь
    Мика 110
Гагарка бескрылая 112
Белоклювый дятел 114
Очковый, или стеллеров,
    или палласов, баклан . . 116
Хохочущая сова,
    или новозеландская
    сова-хохотунья 118
Буллеров скворец-аплонис,
    или загадочный
    скворец 120
Каролинский попугай . . . 122
Красивый попугайчик . . . 124
Гавайская
    цветочница-мамо 126
Гуадалупская каракара . . 128
Моа, или динорнис 130
Королевский кондор,
    или американский
    украшенный гриф 132
Эпиорнис, или слоновая
    птица 134
Тетерев вересковый 136

Другие утраченные животные 138

Сумчатый волк,
    или тилацин,
    или тасманийский волк . 140
Квагга 142
Голубая антилопа 144
Сирийский кулан 146
Кенгуру Грея 148
Проехидна 150
Кенгуровые крысы 152
Вымершие бандикуты . . . 154
Карибу Доусона,
    или канадский олень . . 156
Американский бизон . . . 158
Гигантский бобр 160
Карликовый слон 162
Крыса-кролик 164
Пещерные козлы 166
Фолклендская лисица . . . 168
Карибский
    тюлень-монах 170
Морская, или стеллерова,
    корова 172
Вымершие лягушки 174
Вымершие змеи 176
Вымершие ящерицы 178
Гигантские черепахи 180
Тур 182
Вымершие рыбы 184
Сфальсифицированный
    вид 186

Занесены в Красную книгу 188

Большая панда 190
Лемур ай-ай, или руконожка
    мадагаскарская 192
Ламантин 194
Калифорнийский
    кондор 196
Черный носорог 198
Олень Давида,
    или милу 200
Лошадь Пржевальского . . 202
Очковый медведь 204
Суматранский носорог . . 206
Тигр 208
Гепард 210
Синий, или голубой,
    кит 212
Дикий бактриан 214
Аравийский орикс 216
Испанская рысь 218
Обыкновенный
    орангутан 220
Поссум Ледбитера,
    или беличий поссум . . 222
Горная горилла 224
Оринокский крокодил . . . 226
Обыкновенный дюгонь . . 228
Зеленая, или суповая,
    черепаха 230
Флоридская пума 232
Белый медведь 234
Атлантический морж . . . 236
Исчезающие растения . . . 238
Японский, или манчжурский,
    журавль 240
Тупик, или топорик 242
Редкая орниоптера 244
Индийский ящер 246
Толстый лори 248
Мандрил 250
Белоголовый орлан 252

Словарь 254
Алфавитный указатель . . 255

Введение

Переворачивая страницы этой прекрасно иллюстрированной энциклопедии, вы окажетесь в самом необычном зоопарке — а все потому, что представленные здесь животные или вымерли, или невероятно редки.

Динозавры, конечно, исчезли еще 65 миллионов лет назад; с момента исчезновения таких существ, как мамонты и саблезубые тигры, тоже прошло уже немало времени. Но многие животные вымерли не так давно — к примеру, квагга, дронт или гигантский бобр. И с каждым годом все больше и больше животных, больших и маленьких, оказываются приговоренными к исчезновению из нашего мира, и мы не увидим их больше никогда.

Сейчас мы приглашаем вас познакомиться с разнообразнейшими формами дикой жизни, которые, к сожалению, больше не украшают планету Земля.

Читая эту книгу, вы узнаете, почему исчезновение видов происходило так часто. И что еще важнее, вы узнаете, что может быть сделано для спасения тех многочисленных видов, над которыми нависла угроза вымирания, как, например, над пандой (ниже), и лишившись которых мир многое потеряет.

Доисторический

Некоторые из существ, ходивших по планете Земля много миллионов лет назад, настолько необычны, что вы не сумели бы вообразить себе ничего подобного. Это не только динозавры, но и такие могучие животные, как глиптодонт, бронтотерий и гигантский наземный ленивец.

А знаете ли вы, что существовал динозавр, который помимо мяса питался также рыбой? В те времена жили и огромные, умеющие летать чудовища, превосходившие размером некоторые из сегодняшних самолетов, и морские существа, способные развивать в воде скорость до 40 км/ч.

ВСЕ БОЛЕЕ И БОЛЕЕ СТРАННЫЕ

Некоторые из животных, появившихся после исчезновения динозавров, были еще более необычными. Одно, к примеру, обладало панцирем таких размеров, что по истечении многих тысяч лет после его исчезновения с лица Земли люди использовали панцирь в качестве укрытия.

мир

Несколько раньше существовали гигантские сумчатые, носившие своих детенышей в сумке, точно так же, как сегодняшние кенгуру и опоссумы, значительно уступающие им в размерах. Были, кроме того, огромные нелетающие птицы и необычные крылатые ящерицы.

Каждый год делаются новые удивительные открытия. Обнаруживаются все новые и новые останки ископаемых животных, прежде неизвестных науке, и ученые неустанно трудятся над воссозданием их внешнего облика.

К примеру, вы узнаете, что один вид, считавшийся вымершим много миллионов лет назад, был обнаружен рыбаками, ловившими рыбу в Индийском океане: оказывается, он дожил до нашего времени.
Читайте дальше и вы узнаете все об этом абсолютно неожиданном открытии!

А что за животные изображены на этом развороте? Возможно, вы не сумеете сейчас назвать каждого из них. Но к тому времени, как вы обойдете этот совершенно необычный зоопарк, вы станете настоящим экспертом по доисторической жизни. Какое из животных покажется вам самым удивительным?

Парейазавр

Спустя примерно 250 000 000 лет после того, как это животное ходило по земле в пермском периоде, крупный парейазавр, получивший прозвище Далила, был обнаружен в Южной Африке.

В 1998 году часть 2-метрового скелета этой древней рептилии обнажилась на склоне горы. Скелет находился в согнутом положении, и многочисленные соединенные друг с другом пластины по-прежнему покрывали спину. Это была невероятная находка: перед учеными оказалась, возможно, наиболее сохранившаяся особь данного вида. Однако встала одна серьезная проблема. Как быстро извлечь скелет из земли, не повредив его?

ВРЕМЯ ОБИТАНИЯ: пермский период
РАЗМЕР: 2 м в длину
ВЕС: 700 кг
ОТКРЫТ: в Южной Африке в 1998 году

ДРУГИЕ ДАННЫЕ: крайне неровный шишковатый защитный покров; массивное тело; толстые ноги; возможно, вел полуводный образ жизни; череп молодой особи

Сначала палеонтологи вырыли траншею вокруг Далилы, а затем покрыли ее гипсом, чтобы предохранить скелет от разрушения. Однако, к сожалению, не удалось найти технические средства, которые подняли бы останки рептилии из земли.

Что ж, делать нечего. Палеонтологи, собрав крепких молодых людей из соседних ферм, вынуждены были объединить свои усилия и поднять 700-килограммовое, по их подсчетам, существо. Изрядно попотев, они сделали это, с тем чтобы вскоре парейазавр мог быть выставлен на всеобщее обозрение.

Подходящее имя?

Имя Далила, как вы, вероятно, догадались, было дано в шутку. Все-таки это существо вряд ли отличалось такой же красотой, как его тезка, предавшая Самсона в хорошо всем известной библейской истории! Действительно, реконструкции, как на иллюстрации слева, показали, что парейазавр имел выдающуюся внешность: его неуклюжее толстое тело покрывал шишковатый внешний слой, образованный костными буграми. Голова была защищена подобным же образом.

Его глаз почти не было видно среди всех этих шишек, они казались погруженными в бугристую неровную поверхность. Хорошо развитые толстые конечности поддерживали это мощное тело.

Преждевременная кончина

Живший задолго до появления динозавров, парейазавр встретил смерть во время массового вымирания, имевшего место в конце пермского периода, около 250 миллионов лет назад. Было установлено, что в это время полностью вымерло примерно 95 процентов существовавших тогда видов.

Никто не может с полной уверенностью сказать, почему это произошло. Некоторые специалисты считают, что изменившийся кардинальным образом климат больше не подходил формам жизни, существовавшим в то время. Другие склоняются к мнению, что существенно изменился уровень моря; или же что лава и пепел от постоянных вулканических извержений могли уничтожить и флору, и фауну; или что на Землю упал астероид. Какова бы ни была причина, выжило лишь несколько видов. Парейазавры, по всей видимости, не оказались в их числе.

Мир парейазавра

- Скелет молодого парейазавра с черепом был обнаружен в районе Котельнича, Россия.

- Некоторые ученые считают, что парейазавр мог вести полуводный образ жизни и что, возможно, от него произошли черепахи.

Диметродон

Относившийся к числу наиболее развитых животных своего времени диметродон (спинозавр) был длиннее, чем сегодняшняя средняя машина; по размеру и форме зубов специалисты определили, что это, по всей видимости, был опасный хищник.

Один из наиболее опасных хищников своего времени, диметродон имел на спине парусообразный нарост, придававший ему особенно устрашающий вид. Это образование, вероятно, играло не последнюю роль в успехе диметродона как охотника.

«Парус», по нашему мнению, являлся своеобразной системой температурного контроля. Считается, что диметродон мог использовать парус для согревания или охлаждения. Быстро согреваясь прохладным утром, диметродон, таким образом, опережал своих гораздо более вялых потенциальных жертв.

Мир диметродона

- Диметродон жил в ранний пермский период, примерно за 280 миллионов лет до появления человека.

ВРЕМЯ ОБИТАНИЯ: в ранний пермский период
РАЗМЕР: 3,3 м
ВЕС: неизвестен, но большой
ОТКРЫТ: в Северной Америке

ДРУГИЕ ДАННЫЕ: парусообразный нарост на спине, вероятно использовавшийся для температурного контроля; длинный хвост; массивные ноги; хищник; сильный укус

Парус диметродона также мог иметь и другую функцию. Он мог служить половым признаком; возможно, самцы имели более крупный и яркий парус, чем самки.

Диметродон, несомненно, похож на динозавра, но таковым не является. Он вымер еще до возникновения первых динозавров.

Точная причина исчезновения диметродонов является загадкой, но некоторые ученые считают, что он не выдержал соперничества с более высокоразвитыми животными.

Лагозух

Существо, изображенное ниже, относится к триасовому периоду; внешне оно настолько схоже с некоторыми динозаврами, что часть ученых считает его связующим звеном, от которого произошли такие динозавры, как один из самых первых, ставрикозавр.

Два лагозуха, изображенные на этой иллюстрации прыгающими по камням, были хищниками, несмотря на то, что размером не превышали кроликов. Их название означает «прыгающий крокодил». Это название им было дано американским палеонтологом Альфредом Шервудом Ромером (1894—1973).

МАЛЕНЬКИЙ, ДА УДАЛЕНЬКИЙ

Благодаря своим маленьким размерам лагозух мог с легкостью скакать, а также копать мордочкой почву в поисках всевозможных насекомых, служивших ему пищей. Когда лагозух быстро бежал, он, по всей видимости, опирался лишь на задние конечности, но иногда передвигался и на всех четырех. Возможно, он также был способен набрасываться на небольших животных, используя свои длинные задние конечности, которые с большой скоростью толкали его вперед.

ВРЕМЯ ОБИТАНИЯ: триасовый период
РАЗМЕР: с кролика
ВЕС: небольшой
ОТКРЫТ: в Аргентине

ДРУГИЕ ДАННЫЕ: задние конечности как у кролика; передние приспособлены для захвата добычи; по другим характеристикам схож с динозаврами; длинный тонкий хвост; быстрые ноги

Лагозухам просто необходима была быстрота ног и большая осторожность. Если бы они не были всегда начеку, стая лагозухов легко могла стать добычей какого-нибудь плотоядного хищника.

Возможно, лагозух даже был настолько проворным, что мог забираться на деревья, когда ему грозила опасность, и иногда заходить в неглубокую воду, хотя не имеется никаких признаков того, что он хорошо плавал.

ДИНОЗАВРООБРАЗНЫЙ

Какие же именно свойства привели многих ученых к мнению, что лагозух вполне мог быть близким родственником или даже прямым предком динозавров?

Прежде всего он мог стоять и бегать на двух задних конечностях. Его коленные суставы могли выпрямляться, а нижняя часть ноги была длиннее верхней. Кроме того, он бегал, опираясь на пальцы, а не на всю стопу.

> **КОРОТКИЙ ФАКТ**
>
> Лагозух, останки которого обнаружили в Аргентине, жил, по-видимому, незадолго до появления динозавров, 230 миллионов лет назад.

Лагозух также мог вставать на задние лапы, чтобы осматривать окрестности.

РАВНОВЕСИЕ

Вертикальное положение тела даже считается одним из преимуществ некоторых видов динозавров. Лагозух опирался на задние конечности большую часть времени; и подобно многим динозаврам, которые вскоре появились, он мог хорошо удерживать равновесие во время быстрого бега при помощи своего длинного тонкого хвоста.

Интересно, что один из самых древних из известных науке динозавров, ставрикозавр, также был впервые обнаружен в Южной Америке. Он был значительно крупнее лагозуха, достигая примерно 2 м в длину при весе 30 кг.

На страницах 16—39 вы можете узнать, что же представляли собой появившиеся вскоре настоящие динозавры, в какой местности они жили и как долго они царили на Земле, прежде чем вымерли.

Мир лагозуха

- В триасовом периоде, когда жил лагозух, климат был жарким и шли проливные дожди, за исключением внутренних районов, где образовались пустыни.

- Основной растительностью являлись гинкго, саговники, хвойные деревья, хвощи и папоротники, а вся суша представляла собой единый гигантский сверхматерик Пангею.

Триасохелис

Несколько напоминающий современную черепаху, но еще не способный прятать голову в случае опасности, триасохелис имел панцирь, ширина которого существенно превышала длину.

По названию легко догадаться, что жил триасохелис в триасовый период. (Первые шесть букв в обоих словах совпадают.) Панцирь этого примитивного представителя отряда черепах обеспечивал весьма надежную защиту гораздо более мягкому телу и имел примерно 0,9 м в длину.

Останки этого ископаемого животного были найдены в Центральной Европе, а один очень хорошо сохранившийся скелет, обнаруженный под Троссингеном, в Германии, можно увидеть в Музее естественной истории в Берлине.

Огромный панцирь был очень неровным, рельефным. Шея и хвост триасохелиса также были в какой-то мере защищены небольшими шипами. Однако они, вероятно, были недостаточно устрашающими, чтобы отпугнуть

ВРЕМЯ ОБИТАНИЯ: триасовый период
РАЗМЕР: 0,9 м в длину
ВЕС: неизвестен
ОТКРЫТ: в Германии и по всему миру

ДРУГИЕ ДАННЫЕ: древняя черепаха; вероятно, триасохелис не мог втягивать голову и хвост в панцирь в случае опасности, как делают черепахи, возникшие позднее; не имел зубов; травоядное; клюв

решительно настроенного голодного хищника триасового периода.

По останкам ученые могут сделать вывод о том, что жил триасохелис преимущественно на суше. Известно также, что у него не было зубов и что он был травоядным, срезавшим растения своим примитивным клювом.

Самая большая черепаха из когда-либо существовавших появилась лишь 80 000 000 лет назад, в меловом периоде. Известная как архелон, она достигала в длину 4 м и могла весить до 3 тонн. В отличие от триасохелиса она обитала исключительно в воде.

Мир триасохелиса

- Останки этой ископаемой черепахи можно увидеть в Британском музее естественной истории в Лондоне, а также в Берлине.

- Ученые считают, что в случае опасности триасохелис не имел возможности втянуть в панцирь не только голову, но и хвост.

Динозавры

Не все динозавры жили одновременно в период их царствования, длившийся 160 миллионов лет, задолго до появления человека. Одни вымирали, а другие появлялись. Но они населяли эту планету гораздо дольше, чем человек до сегодняшнего дня — точнее говоря, в 50 раз дольше.

Существовало множество различных видов динозавров. Одни были ужасными плотоядными чудовищами, другие же — гораздо более миролюбивыми существами, жившими в страхе перед нападением хищников, таких как меловой дасплетозавр. Этот динозавр принадлежал к той же группе динозавров, что и тираннозавр рекс. Как вы можете увидеть на этой иллюстрации, даже те травоядные, которые жили крупными стадами, обращались в бегство при приближении этого монстра.

Первые динозавры появились в триасовый период, 248—213 миллионов лет назад. За ним следовал другой доисторический период, юрский, — 213—144 миллиона лет назад. Затем пошел черед мелового периода, в конце которого, 65 миллионов лет назад, динозавры вымерли полностью. Следующие несколько страниц посвящены некоторым из наиболее впечатляющих и наиболее необычных видов динозавров, известных науке на сегодняшний день.

> **КОРОТКИЙ ФАКТ**
>
> Не все динозавры были громадными хищниками, подобными тираннозавру рексу. Некоторые питались исключительно растениями, а другие были размером с цыпленка.

ВРЕМЯ ОБИТАНИЯ: в триасовый, юрский и меловой периоды
РАЗМЕР: от цыпленка до настоящего гиганта
ВЕС: от нескольких сот граммов до многих тонн
ОТКРЫТЫ: по всему миру

ДРУГИЕ ДАННЫЕ: иные были травоядными, другие плотоядными; некоторые питались рыбой; не умели плавать; обнаружены многочисленные окаменевшие останки; некоторые жили стадами; плотная кожа

Мир динозавров

- Слово «динозавр» означает «ужасный ящер»; такое название было дано этой группе наземных животных выдающимся британским палеонтологом Ричардом Оуэном.

ДИНОЗАВРЫ
Анкилозавр

Два анкилозавра, высоко подняв свои хвосты-«булавы», приготовились к бою. Они услышали отдаленное рычание огромного хищника, и, возможно, им придется пустить в ход свое вооружение для самообороны.

Эти огромные массивные травоядные жили на территории сегодняшней Альберты, провинции Канады, и штата Монтана, США, в меловой период. Острые кожные бляшки и шипы, а также опасное хвостовое оружие обеспечивали хорошую защиту от таких хищников, как тираннозавр рекс. Анкилозавр был так хорошо вооружен, что его даже называли живым танком.

Защищаясь, это животное, вероятно, становилось спиной к врагу и затем делало сильный взмах костной шишкой на хвосте. За этим следовал сильнейший удар, поражавший хищника, который, вероятно, падал на землю и оставался лежать в шоке.

МЯГКОБРЮХИЙ

Единственным слабым местом анкилозавра было его мягкое брюхо, вот почему целью любого хищника было опрокинуть анкилозавра на спину, чтобы вонзиться зубами в тело и заставить его медленно умирать от кровопотери.

Имя, означающее «спаянный ящер», было дано из-за костных пластин, сросшихся друг с другом и покрытых кожей; считается, что анкилозавр имел самый прочный защитный слой из всех известных науке живых существ, когда-либо населявших землю.

Рост этого динозавра составлял 2,5 м, а длина 10 м; это невероятно толстое животное весило, как минимум, 2 тонны.

ВРЕМЯ ОБИТАНИЯ: поздний меловой период
РАЗМЕР: 10 м в длину
ВЕС: как минимум, 2 тонны
ОТКРЫТ: в 1908 году в Канаде

ДРУГИЕ ДАННЫЕ: четвероногое; с клювом; травоядное; на хвосте костный шар; мягкое брюхо и нижняя сторона тела; название означает «спаянный ящер»; крепкие ноги

Анкилозавр был одним из последних динозавров, населявших сегодняшнюю Северную Америку, вместе с цератопсами, такими как цератопс, и тираннозавридами, такими как ужасный тираннозавр рекс. Затем, 65 000 000 лет назад, все они вымерли.

Мир анкилозавра

- Останки анкилозавра были обнаружены в провинции Альберта, Канада, а также в штате Монтана, США.

ДИНОЗАВРЫ
Майазавра

Когда палеонтологи Джек Хорнер и Роберт Макела посетили магазин окаменелостей в штате Монтана, США, в 1978 году, они обнаружили кости, как им показалось, детеныша гадрозавра и поспешили на место их обнаружения.

В целом Хорнер, Макела и сопровождавшая их группа палеонтологов обнаружили здесь четырнадцать гнезд, тридцать одного детеныша и сорок два яйца. Но это было лишь начало. Спустя несколько лет, в 1984 году, Хорнер обнаружил костеносный слой, в котором оказалось больше десяти тысяч погибших майазавр. По одной версии, они погибли здесь в результате извержения вулкана, но, вероятно, мы никогда не выясним это наверняка.

Этот меловой динозавр, имевший 9 м в длину, строил мискообразные гнезда из грязи и песка, а затем выстилал их мягкой растительностью. Гнезда образовывали целые колонии, и мать майозавра сворачивалась ночью вокруг своих яиц, чтобы согревать их. Каждое гнездо было глубиной примерно 0,9—1,2 метра и диаметром 2 м. Вылупившиеся детеныши были длиной лишь 35 см, но к двухмесячному возрасту они становились вдвое крупнее.

КОРОТКИЙ ФАКТ

Название «майазавра» означает «ящер — хорошая мать» и замечательно подходит динозавру, обнаруженному в окружении многочисленных яиц и детенышей.

ВРЕМЯ ОБИТАНИЯ: поздний меловой период
РАЗМЕР: 9 м в длину
ВЕС: 6 тонн
ОТКРЫТ: в Северной Америке в 1978 году

ДРУГИЕ ДАННЫЕ: травоядное; множество коренных зубов; название означает «ящер — хорошая мать»; гадрозавр; вел стадный образ жизни; большую часть времени передвигался на четырех конечностях

Мир майазавры

- После обнаружения гнездовья майазавр стало известно, что динозавры не бросали своих детенышей после их вылупления, а продолжали заботиться о них, пока они не становились достаточно большими, чтобы заботиться о себе самостоятельно.

Травоядный и питавшийся преимущественно побегами и листьями, для перетирания которых идеально подходили его многочисленные коренные зубы, этот динозавр, по мнению некоторых специалистов, кормил своих детенышей, сначала пережевывая растительный корм, а затем отрыгивая его для них, чтобы им не приходилось справляться с жесткой пищей.

СТАДНЫЙ ИНСТИНКТ

Как и большинство гадрозавровых, майазавры жили большими стадами, мигрировавшими время от времени в поисках новых пастбищ. Палеонтологи смогли установить это по многочисленным следам, оставленным ими. Видимо, время от времени на них нападали хищники, но этих крупных миролюбивых животных спасала их многочисленность.

ДИНОЗАВРЫ
Стегозавр

Динозавр юрского периода, стегозавр имел мозг величиной с грецкий орех; однако благодаря костным пластинам он мог отлично контролировать температуру тела и защищаться.

Большую часть времени стегозавр был вынужден проводить высматривая, нет ли на горизонте какого-либо из многочисленных свирепых хищников. Но при малейшей возможности этот защищенный пластинами динозавр пускал в дело свой беззубый клюв и косил имевшуюся поблизости растительность.

ВРЕМЯ ОБИТАНИЯ: поздний юрский период
РАЗМЕР: 9 м
ВЕС: 6—8 тонн
ОТКРЫТ: в Северной Америке в 1877 году

ДРУГИЕ ДАННЫЕ: травоядное; маленькая голова; беззубый клюв; крупные пластины на спине, возможно, использовавшиеся для температурного контроля; мелкие коренные зубы

Останки скелета стегозавра легко отличимы благодаря внушительному ряду пластин, идущему вдоль всей спины этого животного. Эти пластины служили хорошей броней, защищавшей, по крайней мере, до определенного предела от таких хищников, как ужасный аллозавр. Хвост же был оснащен шипами и таким образом мог использоваться для нанесения эффективных боковых ударов.

Но эти пластины приносили пользу даже когда поблизости не было хищников. Если ранним юрским утром, когда температура, вероятно, была достаточно низкой, стегозавр поворачивался к солнцу боком, так что солнечные лучи падали на широкие стороны пластин, все его тело постепенно согревалось.

В полдень, однако, могло становиться слишком жарко. Тогда это животное могло повернуться так, чтобы пластины не поглощали столько тепла.

Во многих отношениях такая система обогрева похожа на поглощающие солнечное тепло специальные панели, которыми оснащены некоторые современные дома. Ученые также нашли на пластинах признаки того, что, возможно, внутри них проходили кровеносные сосуды. Сначала некоторые ученые даже утверждали, что эти пластины могли менять свое положение, так что стегозавр мог опустить их горизонтально. Но сегодня эта теория не находит большой поддержки.

Мир стегозавра

- Юрский стегозавр жил на территории сегодняшних штатов Колорадо, Оклахома, Юта и Вайоминг, США.

ДИНОЗАВРЫ
Маменхизавр

Рекордсмен среди динозавров, самое длинное из известных науке когда-либо существовавших животных, маменхизавр был впервые обнаружен в Китае. Одна лишь шея этого динозавра была длиной 15 метров, и она уравновешивалась чрезвычайно длинным кнутообразным хвостом.

Самый длинный из всех завроподов юрского периода, маменхизавр, должно быть, производил впечатление очень гордого существа, поскольку, по мнению палеонтологов, большую часть времени он держал голову высоко поднятой. Только представьте себе, какой путь приходилось проделывать его шее, когда этот динозавр хотел попить из озера!

Каждый из 60-сантиметровых шейных позвонков должен был быть очень лёгким, иначе маменхизавр не смог бы поднять голову.

ОСОБОЕ СТРОЕНИЕ ЗУБОВ

Названный маменхизавром в 1954 году известным китайским палеонтологом по имени Янь Цонгхьян этот динозавр отличается от других завроподов. Все завроподы, найденные на сегодняшний день в Китае, имеют лопатообразные зубы. Это означает, что их зубы были гораздо шире и толще, чем конические зубы завроподов, найденных в США, таких как диплодок.

ВРЕМЯ ОБИТАНИЯ: юрский период
РАЗМЕР: 27 м в длину
ВЕС: 25 тонн
ОТКРЫТ: в Китае в 1954 году

ДРУГИЕ ДАННЫЕ: завропод; травоядное; динозавр с самой длинной шеей; передвигалось на четырех ногах; голова очень маленькая по сравнению с телом

Маменхизавр, без сомнения, не имел конкурентов, когда ощипывал верхушки деревьев: совершенно очевидно, что ни один другой динозавр не мог дотянуться так высоко.

Другим завроподом с чрезвычайно длинной шеей является динозавр юрского периода жирафатиан, найденный в Танзании, в Африке. Но он занимает лишь второе место, несмотря на то что его название означает «гигантский жираф». Его шея составляет лишь две трети длины шеи маменхизавра и достигает лишь 10 м.

Маменхизавр весил, вероятно, 25 тонн, поэтому он, несомненно, является самым тяжелым из динозавров, несмотря на свою чрезвычайно длинную шею. Сейсмозавр весил более 100 тонн!

КОРОТКИЙ ФАКТ

Маменхизавр был назван так в честь реки, протекающей по территории Китая, рядом с которой впервые были обнаружены его останки.

Мир маменхизавра

- Когда были найдены первые кости маменхизавра, отсутствовали зубы и часть черепа. Однако с тех пор в Китае было найдено много других ископаемых маменхизавров, с практически целым черепом.

ДИНОЗАВРЫ
Дейноних

Первый пример динозавров, охотившихся сообща, чтобы одолеть крупную жертву и затем вместе насытиться ее тушей, дейнонихи имели острые выпускающиеся когти на задних лапах.

На иллюстрации внизу два свирепых дейнониха своими мощными лапами и острыми зубами вот-вот разорвут на части испуганного тенонтозавра. Должно быть, им не пришлось потратить очень много времени на то, чтобы одолеть этого крупного динозавра. Неудивительно, что эти животные получили название, означающее «ужасный коготь».

Впервые обнаруженный в земле в штате Монтана, США, палеонтологом Джоном Остромом и его группой в 1964 году, трехметровый, снабженный острыми когтями меловой дейноних был, без сомнения, опасным хищником, жившим в группах.

Длина двух выпускающихся когтей дейнониха достигала 13 см, но они не представляли опасности для самого динозавра, когда он ходил или быстро бежал. В этих случаях дейноних использовал свои сильные мышцы, чтобы отрывать когтистые пальцы от земли, поэтому не было риска, что коготь

Мир дейнониха

- Дейноних имел множество загнутых назад зубов с зазубринами, как у сегодняшних столовых ножей для мяса. Если дейноних хватал свою жертву этими весьма острыми зубами, она уже не имела возможности освободиться.

ВРЕМЯ ОБИТАНИЯ: ранний меловой период
РАЗМЕР: 3 м в длину
ВЕС: 70 кг
ОТКРЫТ: в Северной Америке в 1964 году

ДРУГИЕ ДАННЫЕ: плотоядное; крупные когти на передних лапах; серповидные когти на каждой задней лапе; длинных хвост; охотился группами; острые зубы; мощная хватка

застрянет, а острие затупится от постоянного трения о землю.

Атакуя, дейноних бил свою жертву задней ногой. Коготь при этом выпускался наружу и впивался в тело жертвы. Проделывая это, дейноних приподнимал свой жесткий костистый хвост, чтобы не потерять равновесие. Такой хвост был, без сомнения, полезным приспособлением. Он раскачивался из стороны в сторону, когда дейноних бежал, помогая этому динозавру с легкостью менять направление, когда он преследовал жертву, и затем атаковать ее.

Дейноних также имел острые загнутые когти на передних лапах, которые впивались в тело жертвы, нанося ужасные раны и причиняя мучительную боль.

Для своего размера дейноних имел большой мозг и поэтому, возможно, был довольно хитрым.

Вероятно, он был способен учиться на собственном опыте и потому, по мнению некоторых палеонтологов, запоминал наилучшую тактику для атаки. До обнаружения дейнониха считалось, что динозавры были глуповатыми и медлительными созданиями, но теперь это мнение изменилось.

КОРОТКИЙ ФАКТ

Череп дейнониха был крупным, но очень легким, поскольку в нем имелись отверстия, называемые «ямами».

ДИНОЗАВРЫ
Игуанодон

Вероятно, вы считали, что все палеонтологи и охотники за ископаемыми животными должны быть мужчинами. Однако есть много женщин-экспертов по окаменелостям, и среди них — не только наши современницы. Именно женщина, англичанка Мэри Энн Мантелл обнаружила, по чистой случайности, зуб необычного динозавра, которому ее муж, доктор Гидеон Мантелл, дал название «игуанодон» три года спустя, в 1825 году.

> **КОРОТКИЙ ФАКТ**
>
> Останки игуанодона, чье название означает «зуб игуаны», также были обнаружены в США и в Монголии.

Первой обнаруженной частью ископаемого игуанодона и в самом деле был именно этот зуб.
Но в действительности игуанодон стал известен благодаря другой своей отличительной черте — крупному шипообразному пальцу на каждой из передних конечностей.

Палеонтологи выяснили, что большую часть времени игуанодон вел себя как мирное травоядное, проводя день за пастьбой или бегая по окрестностям вместе с остальным стадом, как на иллюстрации.
Но когда приближался хищник, игуанодон вставал на задние лапы и пускал в ход свои шипообразные пальцы, вонзая их в шею атакующему. Таким образом одинокий игуанодон, вероятно, не единожды спасал свою жизнь при помощи этого «встроенного» оружия.

Интересно, что когда ученые впервые осмотрели шипообразный палец игуанодона, они пришли к выводу, что он должен был находиться на носу животного; но теперь мы, конечно же, знаем, что это был именно его палец!

Форма головы игуанодона во многом напоминала форму головы лошади; его лишенный зубов клюв из рогового вещества идеально подходил для срезания листьев. Но зато у него имелось изрядное количество коренных зубов, которые использовались для пережевывания растительного корма.

Некоторые ископаемые игуанодоны крупнее других, и это привело палеонтологов к предположению, что самцы и самки игуанодонов могли отличаться по размерам. Но невозможно со всей уверенностью сказать, были ли самцы крупнее. У современных рептилий иногда самки крупнее.

Мир игуанодона

- Игуанодон жил в меловой период, когда впервые стали появляться цветковые растения.
- Когда по нашей планете ходил игуанодон, землетрясения и вулканы были гораздо более обычным явлением, чем теперь.

ВРЕМЯ ОБИТАНИЯ: ранний меловой период
РАЗМЕР: 9 м в длину
ВЕС: 5 тонн
ОТКРЫТ: в Англии в 1822 году

ДРУГИЕ ДАННЫЕ: травоядное; тяжелый хвост; средство самообороны в виде шипообразных пальцев; жило стадами; самозатачивающийся клюв; коренные зубы

ДИНОЗАВРЫ
Целофизис

В 1947 году целое кладбище динозавров было обнаружено в Нью-Мексико, в раскопе, известном под названием Ранчо Призраков. Это было удивительное открытие. Помимо того, что были обнаружены останки более сотни древних динозавров, в желудочных полостях некоторых из них оказались маленькие окаменевшие скелеты детенышей.

Некоторые динозавры были травоядными, питавшимися исключительно растительностью и никогда не охотившимися. Другие, наоборот, питались исключительно мясом и были свирепыми хищниками. Но теперь ученым стало известно, что по крайней мере некоторые были каннибалами.

Поскольку динозавры откладывали яйца и не были, следовательно, живородящими, мелкие скелеты, обнаруженные в желудочных полостях некоторых особей целофизиса на Ранчо Призраков, должно быть, принадлежали съеденным детенышам. Таким образом, целофизис — а, возможно, и другие динозавры — прибегал к каннибализму при недостатке пищи.

Возможно, собственные детеныши попадали в их меню регулярно. Они также могли разорять гнезда своих сородичей, если не оставалось собственных детенышей.

Целофизис (название означает «тощее тело») был стройным и имел в длину лишь 3 метра от кончика морды до кончика хвоста. Он не был тяжелым и весил лишь приблизительно 30 кг.

КОРОТКИЙ ФАКТ

Триасовый динозавр целофизис был впервые описан известным палеонтологом Эдвардом Дринкером Коупом в 1889 году.

ВРЕМЯ ОБИТАНИЯ: поздний триасовый период
РАЗМЕР: 3 м в длину
ВЕС: 20 кг
ОТКРЫТ: в Северной Америке в 1881 году

ДРУГИЕ ДАННЫЕ: хищник; вероятно, охотился группами; каннибал, поедавший даже собственных детенышей; длинные узкие челюсти; умный

Но несмотря на это, целофизис, видимо, был опасным хищником, поскольку обладал очень острыми зубами. Возможно также, что он жил и охотился группами.

Самые крупные хищные динозавры жили в юрский или в меловой период. Те, что жили в начале триасового периода — к примеру, целофизис, — были гораздо мельче; а некоторые не превосходили размером современного цыпленка.

Мир целофизиса

- Целофизис относится к самым первым динозаврам, появившимся еще в триасовом периоде. Удалось обнаружить лишь немного ископаемых динозавров меньших размеров, поскольку они были разрушены временем.

ДИНОЗАВРЫ

Плавали ли завроподы?

Одним из динозавров, умевшим, по распространенному тогда мнению ученых, плавать, являлся брахиозавр, один из завроподов. Он был высотой с пятиэтажный дом, с головой, имевшей высоко посаженные ноздри. 250 тонн костей этих огромных юрских травоядных впервые были обнаружены в Танзании, в Африке.

Мир динозавров

- Длинные хвосты завроподов помогали им сохранять равновесие при передвижении в воде.

В течение многих лет после первой находки ученые считали, что брахиозавры и другие завроподы, как тот, что изображен на иллюстрации ниже, умели плавать. Они придерживались мнения, что динозавры могли даже жить в озерах и реках, а не на суше. Вода, по мнению этих ученых, помогала бы поддерживать их огромные тела, когда они поднимали свои длинные шеи над водой; и как травоядные они могли кормиться морской растительностью.

Однако сегодня палеонтологи думают совершенно иначе и утверждают, что динозавры проводили большую часть своего времени на суше.

Лишь иногда динозавры погружались в воду.

ВРЕМЯ ОБИТАНИЯ: большинство завроподов жило в юрский период
РАЗМЕР: в большинстве своем были очень крупными
ВЕС: несколько тонн
ОТКРЫТ: в Северной Америке, в Китае, в Германии и других местах

ДРУГИЕ ДАННЫЕ: завроподы не умели плавать, но могли ходить в воде вдоль линии берега, о чем свидетельствуют их окаменелые следы; вероятно, заходили в воду для охлаждения

Есть несколько причин тому, что специалисты изменили свое мнение. Во-первых, как они объясняют, такое животное не могло бы выдерживать давление воды и правильно дышать на глубине.

Типичный завропод не стал бы плавать в полном смысле этого слова, когда заходил в озера, реки или в море.

Вместо этого он шел бы по воде вброд, не заходя на глубину. Здесь он мог бы кормиться водной растительностью.

Заходя в воду, завроподы также могли охлаждаться в чрезвычайно жаркие юрские дни, когда температура поднималась гораздо выше, чем теперь. Возможно, так они спасались и от хищников.

Не забывайте, что некоторые завроподы были настолько высоки, что могли заходить в воду довольно далеко, не рискуя утонуть.

КОРОТКИЙ ФАКТ

Если останки динозавра обнаружены в воде, это не означает, что он жил в море — просто вода покрывает сегодня территорию, на которой он когда-то обитал.

ДИНОЗАВРЫ
Барионикс

Одни динозавры были хищниками и питались преимущественно мясом, убивая других животных. Другие динозавры были сугубо травоядными и питались исключительно растительностью. Однако по крайней мере один динозавр любил рыбу.

Доказательством того, что живший в меловой период барионикс питался рыбой в дополнение к мясу, является тот факт, что некоторое количество непереваренной рыбьей чешуи было найдено в области грудной клетки его скелетных останков. Любопытно, что ученые даже сумели определить тип рыбы, которой принадлежала эта чешуя. Это был доисторический лепидот длиной 0,9 м, древний родственник современного осетра.

Без сомнения, главной отличительной чертой барионикса был 30-сантиметровый коготь на одном из пальцев каждой передней конечности. Эти когти, вероятно, были очень острыми и являлись идеальным средством защиты от хищников. Кроме того, они, без сомнения, служили удобным инструментом для ловли любых скользких морских обитателей (барионикс вонзал коготь в проплывающую мимо рыбу) или наземных травоядных животных, хотя длинные челюсти барионикса, как вы можете увидеть на этой иллюстрации, также идеально подходили для охоты на них.

НАХОДКА ЛЮБИТЕЛЯ

Самые первые останки барионикса были обнаружены палеонтологом-любителем Уильямом Уокером в 1983 году. Он чувствовал, что найдет в карьере кости динозавра, поскольку здесь уже были обнаружены несколько особей, и он оказался прав. Он нашел массивный коготь, расколовшийся на несколько кусков.

Затем он отнес находку в Лондонский музей естественной истории, где палеонтологи настолько заинтересовались когтем, что направили в этот карьер команду профессионалов. В результате была найдена большая часть скелета и череп длиной примерно 0,9 метра.

Голова, как выяснилось, очень походила на голову крокодила и принадлежала существу, общая длина тела которого достигала 10 метров. Подобно крокодилу, барионикс, возможно, даже преследовал добычу вплавь. Утверждалось даже, что, стоя на берегу водоема, он мог подцеплять рыбу, используя свои когти, подобно тому, как это проделывает медведь, вылавливая из реки лосося. Интересно, что останки барионикса были обнаружены вместе с останками игуанодона, другого динозавра с шипообразным оружием на пальце. Возможно, с их помощью они сражались.

> **КОРОТКИЙ ФАКТ**
>
> Барионикс, вероятно, весил 2 тонны, и ученые считают, что он мог передвигаться на четырех конечностях или, иногда, на двух.

ВРЕМЯ ОБИТАНИЯ: ранний меловой период
РАЗМЕР: 10 м
ВЕС: 2 тонны
ОТКРЫТ: в Англии в 1983 году

ДРУГИЕ ДАННЫЕ: плотоядное; питалось мясом и рыбой, которую вылавливало когтями на больших пальцах передних конечностей; челюсти как у крокодила; останки барионикса входят в число наиболее хорошо сохранившихся останков динозавров

ДИНОЗАВРЫ
Завроподы

Самые крупные из завроподов были самыми большими животными, когда-либо существовавшими на земле. Но несмотря на то, что по размерам они более чем вдвое превосходили своих современников, таких как аллозавр, например, они не были агрессивны.

Легко узнаваемые по длинной шее, толстым, столбообразным конечностям, маленькой голове и длинному суженному хвосту, завроподы — такие как диплодок, брахиозавр, апатозавр и цетиозавр — были добродушными гигантами, жившими огромными стадами.

Они питались практически непрерывно и, видимо, глотали растительность, не пережевывая ее. Однако их пищеварение не страдало, поскольку они также заглатывали камни, так называемые гастролиты, которые перемалывали растительную массу в их желудках.

При переходе с одного пастбища на другое родители защищали детенышей от хищников, держа их в середине стада.

Свидетельство тому — крупные и мелкие следы, обнаруженные на окаменелых тропах, которые оставили эти динозавры. Также были оставлены огромные кучи копролитов (окаменелых экскрементов), результат переваривания такого количества пищи.

Возможно даже, что иногда они заходили в воду, чтобы покормиться водными растениями, хотя при их росте им, должно быть, приходилось низко наклоняться, чтобы дотянуться до нее.

> **Мир завроподов**
>
> - В основном завроподы жили в юрский период, а затем вымерли. Ученые считают, что эти травоядные, возможно, возникли благодаря пышной растительности, существовавшей в то время. Без сомнения, они обладали самым завидным аппетитом.

ВРЕМЯ ОБИТАНИЯ: преимущественно в юрский период
РАЗМЕР: большинство были огромными
ВЕС: много тонн
ОТКРЫТ: в Северной Америке, в Китае и других частях света

ДРУГИЕ ДАННЫЕ: длинные шея и хвост; травоядные; огромный аппетит; проглатывали большое количество камней, так называемых гастролитов, способствовавших пищеварению; жили стадами

Однако эти длинные шеи давали им огромное преимущество, когда им приходилось ощипывать верхушки деревьев. На столь высоком уровне они не встречали конкуренции со стороны динозавров, кроме как в лице других завроподов.

Завроподы были найдены во многих частях света. Один, которому ученые дали имя вулканодон, был обнаружен в Зимбабве, в Африке. Мы можем лишь предполагать, что хищники оторвали ему голову во время нападения и что череп их несчастной жертвы со временем разрушился.

КОРОТКИЙ ФАКТ

Завроподом с самой длинной шеей, длиной 15 метров, был маменхизавр. Он был обнаружен на территории современного Китая.

ДИНОЗАВРЫ
Гибель динозавров

Никто не может со всей уверенностью сказать, как и почему 65 миллионов лет назад вымерли динозавры. Но ученые предлагают многочисленные любопытные теории, объясняющие полное исчезновение этих животных с лица нашей планеты.

В целом, многочисленные виды динозавров существовали в течение приблизительно 150 миллионов лет. Затем, внезапно, самые последние из них полностью исчезли в конце мелового периода. По одной из теорий, всех их унес смертельный вирус. По другой, они, возможно, оказались неспособными адаптироваться к меняющемуся климату или же новое поколение млекопитающих в огромных количествах уничтожало яйца динозавров.

Однако в настоящее время наиболее распространенной является теория, по которой огромный астероид диаметром 10 км упал на нашу планету, что привело к разрушительным последствиям. Ученые даже считают, что знают, куда упал астероид — в Мексике, в Центральной Америке есть место, называемое Чиктцукуб, и там сохранился гигантский кратер.

Там были обнаружены камни, содержащие вещества, характерные для астероидов. При ударе было высвобождено множество отравляющих элементов, таких как сера.

Попав в атмосферу, они закрыли солнце.

Пострадала большая часть земной растительности, лишенная таким образом света, и травоядные умирали с голоду. Большинство хищных динозавров, в свою очередь, лишилось добычи и также со временем исчезло.

НЕРАЗРЕШИМАЯ ЗАГАДКА

Однако это не объясняет, почему некоторые формы жизни преодолели последствия этой катастрофы; не объясняет также, почему вымерли и динозавры, жившие в отдаленных частях земного шара. Таким образом, ученым придется дальше искать удовлетворительный ответ к этой интригующей загадке. Возможно даже, что динозавры стали такими громадными, что потеряли способность спариваться!

КОРОТКИЙ ФАКТ

Некоторые ученые убеждены, что если однажды им посчастливится найти ДНК динозавра, они смогут воссоздать этих удивительных животных.

ДАННЫЕ: Динозавры вымерли примерно 65 миллионов лет назад, в конце мелового периода. По-видимому, то была эпоха великого вымирания, хотя исчезли отнюдь не все формы жизни. По одной из самых популярных теорий на землю упал астероид, что вызвало опустошение планеты, поскольку густые облака пыли, выброшенные в атмосферу, закрыли солнце и погубили растительность.

Птерозавры

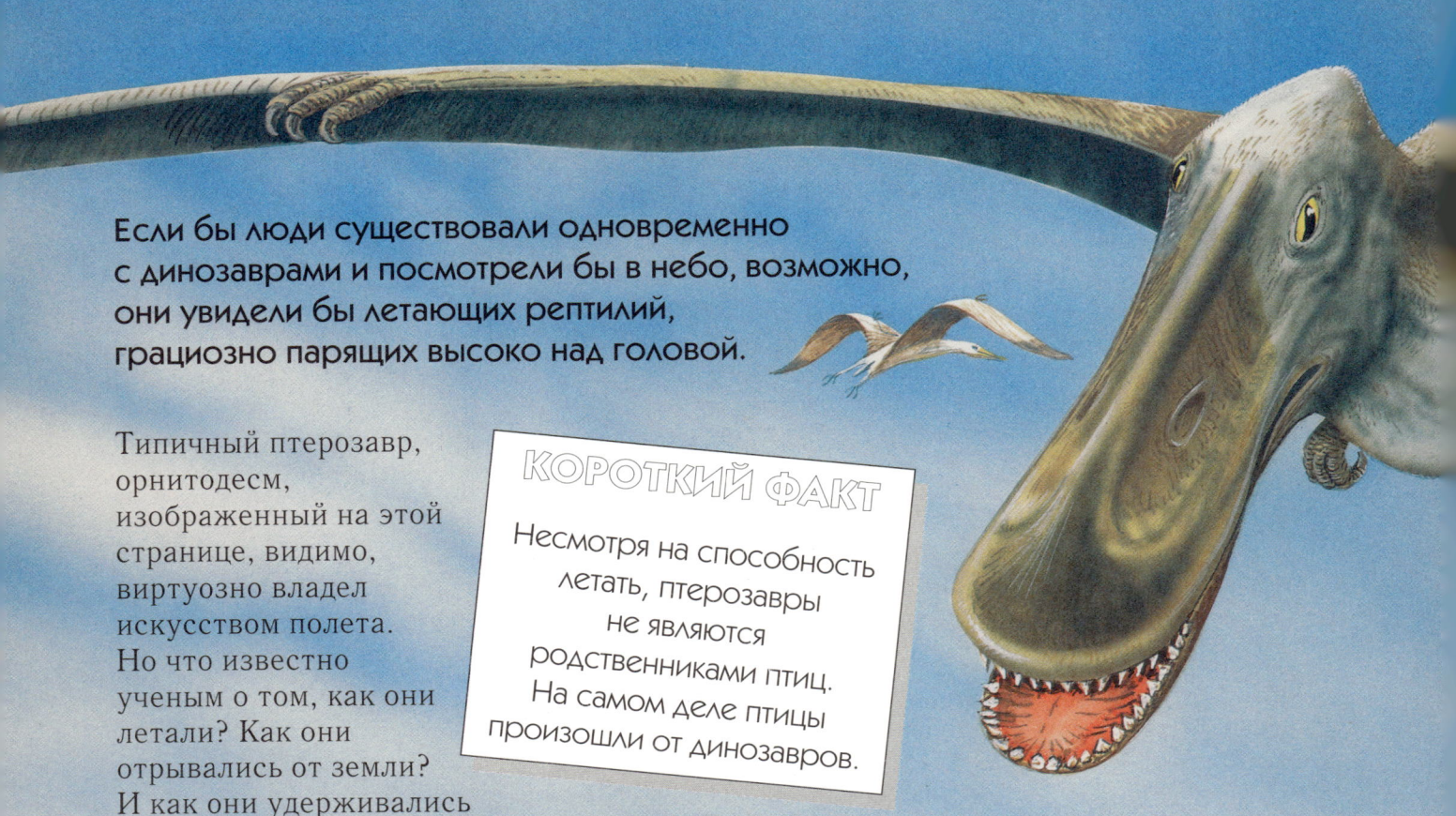

Если бы люди существовали одновременно с динозаврами и посмотрели бы в небо, возможно, они увидели бы летающих рептилий, грациозно парящих высоко над головой.

Типичный птерозавр, орнитодесм, изображенный на этой странице, видимо, виртуозно владел искусством полета. Но что известно ученым о том, как они летали? Как они отрывались от земли? И как они удерживались в воздухе?

КОРОТКИЙ ФАКТ

Несмотря на способность летать, птерозавры не являются родственниками птиц. На самом деле птицы произошли от динозавров.

Некоторые палеонтологи считают, что птерозавры небольших размеров могли взлетать с деревьев, полагаясь затем на воздушные потоки для совершения планирующего полета. Однако другие уверены, что птерозавры делали разбег, прежде чем подняться в воздух. В любом случае, на основе моделей, сконструированных для изучения их полета, нам стало известно, что они, вероятно, могли махать крыльями, используя сильные мышцы груди. Средняя скорость была примерно 7 м в секунду — гораздо быстрее, чем может бежать даже олимпийский чемпион!

Но птерозавры не проводили весь день в полете, а иногда спускались отдохнуть и поесть.

Согласно одной теории, некоторые птерозавры могли даже удерживаться на плаву, поэтому способны были отдыхать на воде. Другие ученые, однако, убеждены, что их крылья были слишком тяжелы для этого. Существует также теория, по которой некоторые из более мелких видов птерозавров умели использовать когти на своих задних лапах, чтобы свешиваться с ветки вниз головой для отдыха, как это делают летучие мыши. Возможно даже, что некоторые из них заворачивались в свои крылья, когда висели таким образом.

Никто до сих пор не обнаружил целого яйца птерозавра, хотя были найдены осколки скорлупы.

ВРЕМЯ ОБИТАНИЯ: в эпоху динозавров
РАЗМЕР: от размера вороны до размера большого самолета
ВЕС: варьируется в зависимости от размера
ОТКРЫТ: во многих частях света

ДРУГИЕ ДАННЫЕ: яйцекладущие; некоторые жили колониями; не связаны родством с птицами; одни обладали длинными хвостами, у других хвосты отсутствовали; у многих имелись острые когти

ПЕРВАЯ НАХОДКА

Останки самого первого ископаемого птерозавра были обнаружены в Германии между 1767 и 1784 годами. Он был изучен итальянским натуралистом XVIII века Косимо Коллини, который оказался изрядно озадачен находкой. Останки явно не принадлежали ни одной из известных птиц, и тем не менее эти животные, по всей видимости, могли летать. Когда к французскому анатому Жоржу Кювье, хранителю Мангеймской Коллекции естественной истории, Германия, в 1801 году попало для изучения выгравированное изображение ископаемого животного, он сразу определил, что это останки пресмыкающегося (рептилии), и дал этой особи название птеродактиль, что означает «летающий палец». (Позже данный тип птерозавров получил название Pterodactylus antiquus, или «древний летающий палец».)

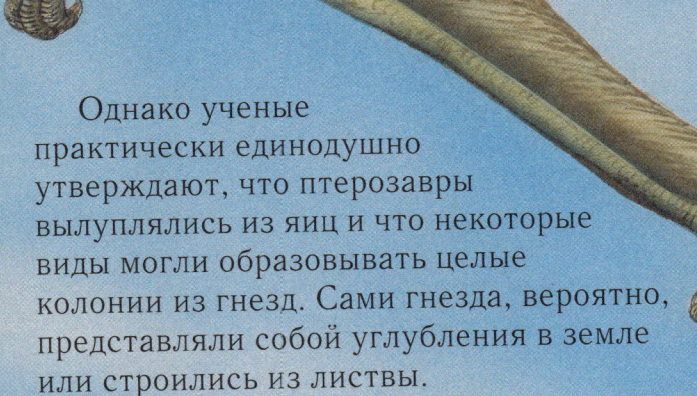

Однако ученые практически единодушно утверждают, что птерозавры вылуплялись из яиц и что некоторые виды могли образовывать целые колонии из гнезд. Сами гнезда, вероятно, представляли собой углубления в земле или строились из листвы.

Ископаемые птерозавры сегодня обнаружены во многих частях света, включая Восточную Африку, Южную Америку, Англию, США, Вест-Индию, Францию, Португалию, Индию и Китай.

Мир птерозавров

- Возможно, что случайное обнаружение ископаемых птерозавров задолго до того, как люди узнали, что именно они представляли собой, послужило основой легенд о драконах. Действительно, в китайском языке для обозначения дракона используется то же слово, что и для обозначения динозавра — kung-lung.

ПТЕРОЗАВРЫ
Кецалькоатль

Самый крупный птерозавр, обнаруженный на сегодняшний день, кецалькоатль был размером с один из современных небольших самолетов и получил свое название по имени ацтекского бога, изображавшегося в виде пернатого змея (ацтеки — народ, прежде населявший Центральную Америку).

Даже самые крупные динозавры позднего мелового периода, должно быть, смертельно пугались, завидев это громадное крылатое создание, парившее в доисторических небесах.

Кецалькоатль имел невероятный размах крыльев — 12 метров. Но благодаря своим полым костям он, невзирая на размер, вероятно, весил не больше, чем средний современный взрослый человек.

Большинство палеонтологов считают, что скорее всего кецалькоатль питался главным образом морской пищей и что он пикировал вниз и поглощал огромные количества рыбы, крабов и моллюсков. Его челюсти были лишены зубов, насколько мы можем судить по его останкам, а это означает, что он не мог пережевывать пищу. Вместо этого он, должно быть, заглатывал всю добычу разом.

Однако некоторые специалисты придерживаются мнения, что кецалькоатль питался и павшими динозаврами, очищая от плоти попадавшиеся ему трупы.

КОРОТКИЙ ФАКТ

Кецалькоатль был обнаружен в Национальном парке Биг Бенд в штате Техас, США, в 1971 году студентом по имени Дуглас Лоусон.

ВРЕМЯ ОБИТАНИЯ: меловой период
РАЗМЕР: 12 м
ВЕС: неизвестен
ОТКРЫТ: в Северной Америке

ДРУГИЕ ДАННЫЕ: назван по имени бога ацтеков; вероятно, питался преимущественно рыбой; челюсти лишены зубов, следовательно, пищу заглатывал целиком

Этот птерозавр мог даже вести образ жизни грифа, питаясь преимущественно падалью и клюя мертвых динозавров своими удлиненными челюстями.

Но если он являлся падальщиком, то его длинная, негибкая шея могла быть ему помехой.

Никто не знает, какого цвета мог быть тот или иной птерозавр. Но вполне вероятно, что гребни на голове были ярко окрашены или у взрослых особей обретали рисунок. Кецалькоатль, по всей видимости, был среди самых последних птерозавров и вымер вместе с динозаврами в конце мелового периода. Возможно, со временем он еще более увеличился бы в размерах, если бы не вымер тогда!

ПТЕРОЗАВРЫ
Рамфоринх

Останки полусъеденной рыбы, найденные в Германии вместе с окаменевшими костями птерозавра рамфоринха, точно указывают на то, чем он питался.

Весивший не более 5,5 кг и имевший размах крыльев 175 см, рамфоринх обладал острыми зубами, расположенными вдоль его верхней и нижней челюстей, идеальными для ловли крупной рыбы, плававшей в морях юрского периода, как вы можете видеть на иллюстрации.

ВРЕМЯ ОБИТАНИЯ: юрский период
РАЗМЕР: размах крыльев 175 см
ВЕС: 5,5 кг
ОТКРЫТ: в Германии

ДРУГИЕ ДАННЫЕ: птерозавр; карман в нижней челюсти для хранения рыбы; длинный хвост; сцеплявшиеся острые зубы; крылья удерживались удлиненными костями четвертого пальца

Существовало, по-видимому, несколько различных видов этого птерозавра — одни величиной с лебедя, тогда как другие не больше чайки. Но палеонтологи уверены, что у всех был специальный кожный мешок, прикрепленный к нижней челюсти. Здесь мог происходить первый этап их пищеварения, или же здесь хранилась рыба, которую они отрыгивали, превратив в мягкую кашицу, чтобы кормить своих детенышей, вернувшись в гнездо.

ЗАМЕЧАТЕЛЬНО СОХРАНИВШИЕСЯ

Ископаемые рамфоринхи, впервые обнаруженные в известняке в окрестностях Зольнгофена, Германия, оказались в очень хорошем состоянии, и по ним можно в деталях восстановить облик того птерозавра. Благодаря им мы знаем, например, что он имел голову значительных размеров и большую грудину, которая обеспечивала обширную поверхность прикрепления для мышц, приводивших в движение крылья.

Мир рамфоринха

- Рамфоринх имел очень длинный хвост с ромбовидным кончиком, образованным мягкими тканями. Длинные хвосты характерны для некоторых типов птерозавров. Другие, такие как изображенный ниже птеродактиль, имели лишь некое подобие маленького обрубка хвоста.

Удлиненные кости четвертого пальца обеих передних конечностей являлись опорой для крыльев, которые были укреплены множеством прочных волокон.

Когда рамфоринх смыкал челюсти, зубы сцеплялись, образуя подобие капкана или клетки, так что все попавшее в ротовую полость рамфоринха оставалось в ней. На верхней челюсти располагалось двадцать длинных узких зубов, тогда как на нижней было четырнадцать.

Плиозавры

Имевшие огромные челюсти, очень удобные, чтобы зачерпывать мелкую рыбу и хватать более крупную добычу, плиозавры, такие как кронозавр, изображенный здесь, входили в число самых устрашающих морских созданий, живших в доисторические времена.

Судя по останкам кронозавра, обнаруженным в штате Квинсленд, Австралия, это колоссальное морское создание достигало 17 метров в длину, и одна лишь голова его была длиной 2,4 метра, что примерно равно высоте вашего потолка.

Исходя из того, что обнаружили палеонтологи позднее, можно сказать, что это был, вероятно, самый крупный из плиозавров и что он жил начиная с раннего юрского периода до самого конца мелового, когда он вымер вместе с остальными динозаврами.

Только взгляните на все эти ужасные зубы! Они помогали быстро расправляться с добычей, которую кронозавр затем поспешно проглатывал. Такие огромные создания отличались завидным аппетитом.

ВРЕМЯ ОБИТАНИЯ: с раннего юрского периода до позднего мелового
РАЗМЕР: 17 м
ВЕС: несколько тонн
ОТКРЫТ: в Австралии и Европе

ДРУГИЕ ДАННЫЕ: толстая шея; огромная голова; острые зубы на массивных челюстях; сильный хищник; нападал на морских животных всех размеров

Мир плиозавров

- Кронозавр назван так в честь греческого бога Кроноса. Как и все плиозавры, он был не динозавром — не забывайте, что динозавры не умели плавать, — а морским ящером и просуществовал как вид в течение нескольких миллионов лет.

Среди других плиозавров известен также плиозавр, имевший длину 6,7 метра, и пелонеустес, который был гораздо меньше.

Все они обладали часто посаженными острыми зубами, удобными для того, чтобы отрывать от добычи огромные куски мяса. Более крупные особи могли охотиться даже на таких гигантов, как длинношеий плезиозавр, с которым вы встретитесь, когда дойдете до страницы 50.

Плакодонты

Эта группа животных, название которой означает «плоские зубы», была в числе первых пресмыкающихся нашей планеты, перебравшихся в воду более 215 миллионов лет назад. Несколько ископаемых плакодонтов было найдено в Италии.

Не являвшиеся полностью водяными животными и в некоторых отношениях более приспособленные к передвижению по суше, чем в воде, плакодонты, жившие в триасовый период, тем не менее, видимо, существенную часть времени проводили в теплых водах прибрежной полосы.

Здесь, как свидетельствуют останки, обнаруженные в области их желудка, а также строение их ротовой полости, они питались разнообразными моллюсками и ракообразными, которых они отрывали от морского дна. Их ковшевидные челюсти, снабженные мощными мышцами, и шесть конических острых передних зубов (резцов) были очень кстати для такого рациона.

Затем их 14 тупых, плоских коренных зубов, покрытых толстым слоем эмали, перемалывали раковины, превращая их в кашицу, которую легко можно было переварить.

Один из плакодонтов, плакодус, имел удлиненный хвост и тучное тело, но короткую шею. Ученые считают, что у него мог даже быть функционировавший третий глаз, помогавший ему защищаться от хищников. Этот орган мог усиливать зрение или улучшать ориентацию.

Однако у других плакодонтов, таких как плакохелис и хенодос (их извлекли из триасового пласта в Германии), основным средством защиты служила особо прочная кожная броня.

Плакодус имел длинный хвост, который помогал ему проталкивать под водой свое тело с высокой спиной, как вы можете видеть на рисунке на противоположной странице.

Трудно объяснить, почему нет следов какого-либо плакодонта после позднего триасового периода. Вероятно, они вымерли примерно 200 миллионов лет назад вместе с другими животными, исчезнувшими во время наступившего тогда массового вымирания.

По одной теории гибель столь многих разнообразных форм животной жизни могла быть вызвана широким распространением динозавров; по другой — причиной мог стать резкий переход от обильных осадков к гораздо более засушливому климату.

Мир плакодонтов

- Как только плакодонты оказывались в воде, они принимались бороздить дно в поисках пищи.

- Моллюски, брахиоподы и ракообразные являлись основным блюдом в рационе плакодонта.

ВРЕМЯ ОБИТАНИЯ: триасовый период
РАЗМЕР: плакодус был 2 м в длину
ВЕС: неизвестен
ОТКРЫТ: в Германии и Италии

ДРУГИЕ ДАННЫЕ: длинный хвост; мощные челюсти; конические резцы; питался в основном моллюсками; короткая шея; толстое туловище; плакодус, возможно, имел третий глаз

Плезиозавры

Первого плезиозавра у Лайм-Реджис, в Южной Англии, обнаружила 15-летняя Мэри Аннинг рядом со своим домом в 1814 году. Эти места и сегодня богаты окаменелостями.

Отец Мэри Аннинг продавал окаменелости, чтобы заработать на жизнь, и, без сомнения, именно это развило в ней интерес к палеонтологии. Она узнала цену окаменелостям, о чем мы можем судить по тому факту, что она продала останки плезиозавра, найденные ею в крошащихся известковых скалах, за 150 000 $ в переводе на сегодняшние деньги. Но деньги не были главной заботой Мэри Аннинг. Она страстно интересовалась коллекционированием доисторических окаменелостей и восстановлением из деталей целых скелетов, несмотря на то что не имела специальной подготовки.

Плезиозавр жил в воде и выходил на берег лишь для того, чтобы отложить яйца. В остальное время он жил в воде, питаясь пойманной рыбой. Он мог даже намеренно заплывать в косяки, с тем чтобы разогнать их и поживиться частью рыбьей стайки.

Мир плезиозавров

- Плезиозавры иногда именуются лентовидными рептилиями из-за их длинных лентообразных шей. Как ни удивительно, многие из них имели шеи, составлявшие более половины общей длины тела.

ВРЕМЯ ОБИТАНИЯ: юрский и меловой периоды
РАЗМЕР: 14 м
ВЕС: неизвестен
ОТКРЫТ: в Англии и по всему миру

ДРУГИЕ ДАННЫЕ: очень длинная шея; откладывал яйца на суше; бочонкообразное туловище; острые, плотно смыкающиеся зубы; не мог дышать под водой, поэтому поднимался на поверхность, чтобы набрать воздуха

Самый длинный плезиозавр, найденный до сих пор, был обнаружен в штате Канзас, США, а также в Японии. Элазмозавр имел настолько длинную шею, что его даже описывали как «змею, продетую сквозь черепаху». У него был 71 шейный позвонок — огромное количество по сравнению с семью, которыми обладаем мы!

Когда плезиозавр, такой, как элазмозавр, плыл, он полностью выпрямлял шею и держал ее прямо перед собой, как длинную стрелу. Но когда плезиозавр отдыхал, он мог сворачивать шею кольцом или даже двумя кольцами, как предполагают некоторые палеонтологи.

Передние плавательные ласты нужны были для проталкивания плезиозавра сквозь толщу воды, тогда как задние ласты служили рулем или помогали животному останавливаться.

Плезиозавры были совершенно безоружными и могли зачастую становиться жертвами огромных, свирепых морских хищников. Однако они дожили до конца мелового периода, и к этому времени длина некоторых из них превышала 12 метров.

КОРОТКИЙ ФАКТ

Плезиозавры имели маленькие легкие и не могли дышать под водой, поэтому они вынуждены были время от времени подниматься на поверхность, чтобы вдохнуть воздух.

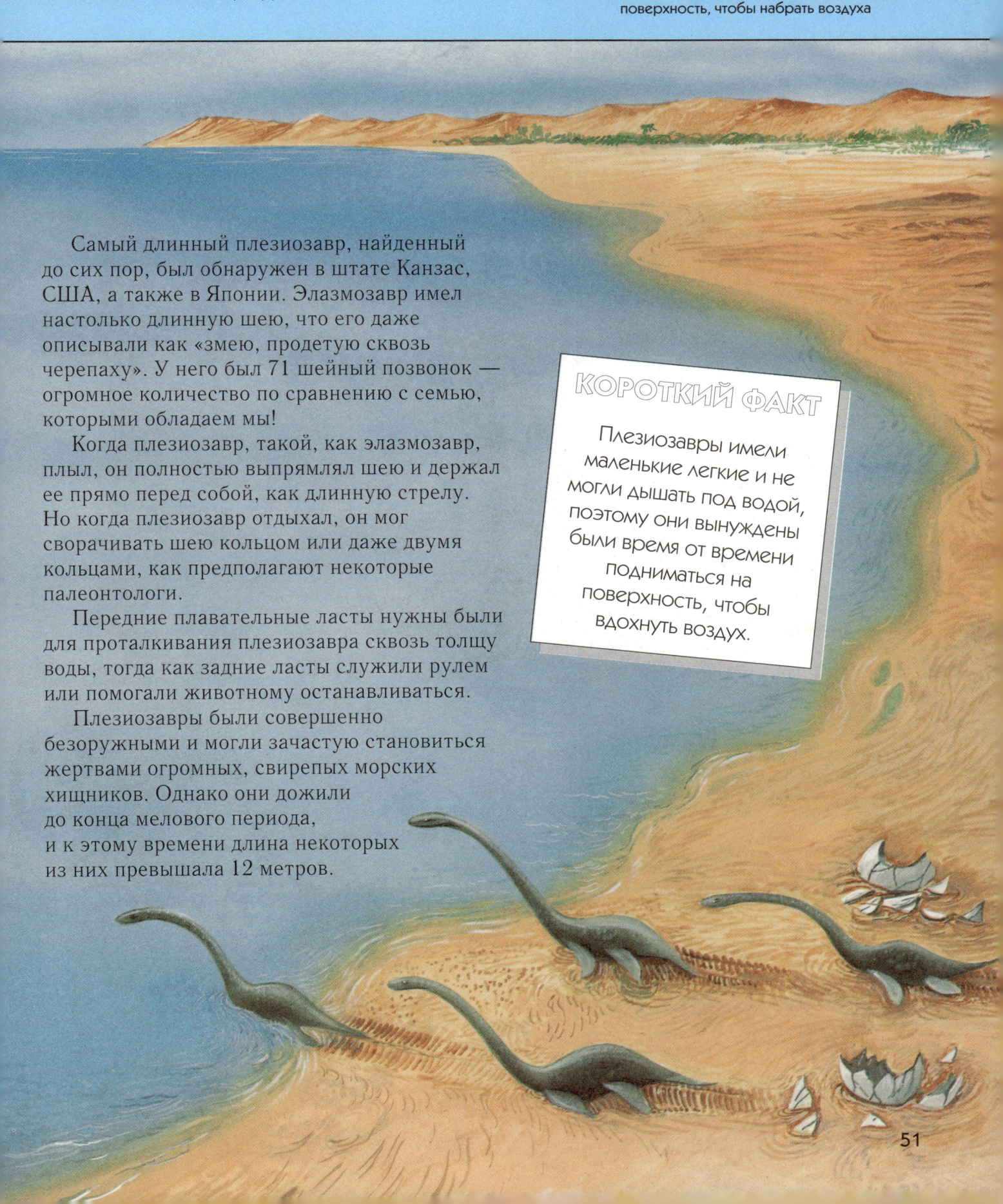

Первые млекопитающие

Вместе с динозаврами жило несколько типов мелких млекопитающих: они изображены на этих двух страницах. На этом этапе крупным млекопитающим еще предстоял долгий путь эволюции.

Странное создание, изображенное слева, — это тритилодонт, живший в триасе. Он был чуть больше 1 метра в длину и имел, как вы можете увидеть, весьма необычные зубы. Его название означает «трехбугорковый зуб». Позади более крупных передних зубов на нижней челюсти располагались зубы с двумя бугорками, а на верхней — с тремя.

Ученые могут лишь догадываться о его внешности по окаменелому черепу и зубам, поскольку было обнаружено очень немного останков.

Триконодонт жил в поздний юрский период и был размером с сегодняшнюю среднюю домашнюю кошку. Тем не менее он, очевидно, был хищником и охотился на самых разнообразных небольших животных. Некоторые палеонтологи высказывают предположение, что он даже мог лазать по деревьям, высматривая добычу или спасаясь от врага, а также что он мог питаться яйцами динозавров.

ВРЕМЯ ОБИТАНИЯ: некоторые появились еще в триасовом периоде
РАЗМЕР: некоторые из первых млекопитающих размером были не больше крысы
ВЕС: небольшой
ОТКРЫТЫ: в Северной Америке, а затем по всему миру
ДРУГИЕ ДАННЫЕ: млекопитающие не откладывали яиц, а были живородящими; более крупные млекопитающие возникли позднее; среди первых млекопитающих были сумчатые

Останки этих животных, обладавших длинными челюстями, были обнаружены на территории современной Европы, где они жили в постоянном страхе быть растоптанными гораздо более крупными животными.

Во многом походивший на опоссума, альфадон, справа, жил на территории сегодняшней Северной Америки. Это было сумчатое животное, т. е. оно имело специальную суму, в которой вынашивало потомство.

КОРОТКИЙ ФАКТ

Первые млекопитающие, вероятно, имели волосяной покров и усы, являвшиеся высокочувствительным органом.

Мегазостродон, внизу, жил в триасе, как и тритилодонт, наверху справа. Это было маленькое животное, похожее на землеройку, выраставшее лишь до 13 см. Однако оно питалось главным образом насекомыми и выходило лишь по ночам, когда уменьшался риск быть съеденным хищниками. Впервые его окаменелые останки были обнаружены в Южной Африке. Но как ученые могут определить, что животное было теплокровным, по таким скудным останкам? Как правило, по скелету видно, что нос был отделен от ротовой полости. Это позволяло питаться и дышать одновременно, чего никак не может делать большинство современных пресмыкающихся.

Летающие драконы

Несмотря на то, что динозавры твердо стояли на земле — они не плавали в морях и не летали в воздухе, — у некоторых из их меньших братьев, рептилий, образовались крылообразные кожные складки, помогавшие им перелетать с места на место. На иллюстрации внизу вы можете увидеть одного из драконов, перепрыгивающего на другую, более безопасную, ветку, подальше от голодного завропода, кормящегося листьями того же дерева. Но дракон зря волнуется — завроподы, как вы знаете, не ели мяса.

Довольно многие доисторические крылатые ящерицы могли совершать короткие перемещения по воздуху, но по-настоящему летать они не умели. Наибольшее расстояние, которое мог преодолевать представитель рода летающих драконов, — это примерно 60 метров, но такие перелеты совершались редко.

ВЗЛЕТ

Большинство крылатых ящериц могло подпрыгивать примерно на 12 метров, что было совсем неплохо для такого существа, как живший в раннем триасе целурозавр, длиной всего 40—45 см, чтобы пробраться между деревьями или подняться с берега озера на более высокое место.

Окаменелые останки крылатых ящериц, таких как живший в позднем триасе икарозавр — названный по имени персонажа из греческих мифов, изготовившего восковые крылья, чтобы летать, — свидетельствуют, что они имели четыре конечности, кожу с большим количеством чешуи.

ВРЕМЯ ОБИТАНИЯ: одновременно с динозаврами
РАЗМЕР: ширина перепонок до 33 см
ВЕС: небольшой
ОТКРЫТЫ: в разных частях мира

ДРУГИЕ ДАННЫЕ: крылатые ящерицы питались насекомыми; подпрыгивали и затем планировали в воздухе; длинные хвосты; чешуйчатая кожа; могли спастись от опасности, быстро улетев

Еще у них был длинный хвост и удлиненные, выдающиеся в стороны ребра, покрытые тонкой перепонкой, — эта конструкция удерживала их в воздухе. Крылатые ящерицы способны расправлять эти «крылья», расширяя свою грудную клетку.

Живший в позднем триасе куэхнозавр обладал способностью отгибать «крылья» назад, как современный истребитель с изменяющейся стреловидностью крыла, и после приземления мог держать их плотно прижатыми к телу, точно так же, как икарозавр и дедалозавр. Благодаря этой хитрости крылья не застревали в густой листве при перемещениях ящерицы.

Крылатые ящерицы использовали свои необычные способности для ловли насекомых, которых они заставали врасплох, когда внезапно приземлялись, или же хватали на лету и проглатывали. Кроме того, они совершали планирующий полет, чтобы спастись при приближении хищника. Но многие из мелких хищных динозавров могли запросто справиться с крылатой ящерицей.

Однако по крайней мере одному виду способность к планирующему полету и изменению окраски для маскировки позволила дожить до наших дней. Эти родственники летающих драконов до сих пор обитают в джунглях Юго-Восточной Азии.

Мир драконов

- Ископаемый летающий дракон был обнаружен в Малайзии.

Саркозух

На протяжении всего юрского и мелового периодов имелись участки суши, постоянно затопленные водой. Эти болота являли собой место обитания сотен земноводных и пресмыкающихся. Среди них были древние виды крокодилов, такие как саркозух.

Теплое солнце заливало мутные воды раннемелового болота, не позволяя наземному динозавру, уранозавру, который лакомился сочным хвощом, заметить притаившихся хищников.

У саркозуха, притаившегося в зарослях тростника, такой проблемы не было.

МОГУЧИЙ ХИЩНИК

Редкое животное, оказавшееся рядом с этим массивным, двенадцатиметровым крокодилообразным существом, могло избежать его клацающей пасти. Даже огромный уранозавр с парусом на спине часто становился его жертвой.

Древние черепахи, несмотря на свои твердые панцири, также держались на расстоянии из страха быть опрокинутыми саркозухом. Если это происходило, их мягкое брюхо оказывалось под острыми, как коса, зубами крокодила, и спасение было невозможно.

В доисторические времена заболоченными были большие территории, обычно окружавшие расходившиеся веером дельты рек,

ВРЕМЯ ОБИТАНИЯ: меловой период
РАЗМЕР: до 3 м в длину
ВЕС: как у современных крокодилов сходного размера
ОТКРЫТ: в Нигерии, Африке и в других частях света

ДРУГИЕ ДАННЫЕ: предки современных крокодилов; длинные челюсти с острыми зубами; постоянные обитатели болот; нападали на древних черепах и некоторых динозавров

что было особенно характерно для некоторых частей Северной Африки.

То были темные уголки, где свет заслоняли леса из кипарисов, гинкго и семенных папоротников. Но по берегам водоемов пышно произрастали камышевидные хвощи, мхи и лишайники, а также некоторые виды цветковых растений, которые мир впервые увидел в меловой период.

ДРУГИЕ КРОКОДИЛЫ

Эти предки сегодняшних крокодилов были, вне всякого сомнения, королями доисторических болот. Среди них, кроме саркозуха, был мощный, тяжело вооруженный рутиодон, который охотился на рыбу и других пресмыкающихся.

Более поздние крокодилообразные пресмыкающиеся, такие как гониофолис, в процессе эволюции превратились в существ, очень похожих на огромных крокодилов, которыми кишат сегодняшние болотистые местности.

Достигавшие 3 м в длину и имевшие длинные зубастые челюсти, покрытые чешуей спины и снабженные когтями конечности, эти животные были свирепыми хищниками, как и сегодняшние крокодилы, и ни одно существо не вырывалось от них живым.

КОРОТКИЙ ФАКТ

Подобно динозаврам, крокодиловые, такие как саркозух, классифицируются как архозавры, что значит «царствующие рептилии».

57

Аммониты

Нетрудно понять, как аммониты получили свое название. Поскольку они имели спиралевидные раковины, их назвали в честь египетского бога Амона, который всегда изображался с витыми бараньими рогами.

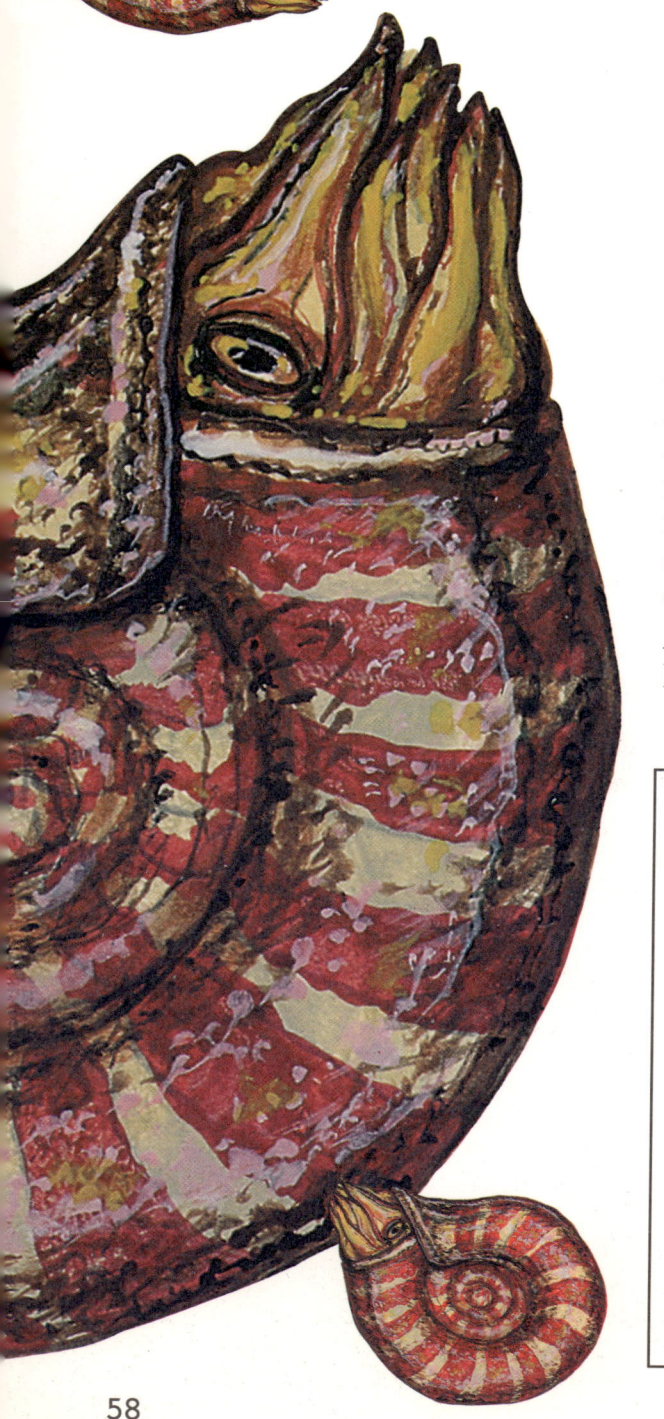

Возникшие в юрский период и вымершие в конце мелового вместе с динозаврами, аммониты были морскими жителями и имели удивительнейшие спиральные раковины. Сама раковина состояла из отдельных камер, разделенных стенками, которые ученые называют перегородками. Само животное жило лишь в последней из них, тогда как другие камеры были заполнены особым газом или жидкостью. Аммонит мог контролировать свое перемещение в воде путем регулирования количества этих веществ. Аммониты многих видов были обнаружены по всему миру, включая Европу, США, Гималаи, Гренландию (самый север!), Африку, Японию, Индонезию, Южную Америку, Россию и Новую Зеландию.

Мир аммонитов

- Раньше люди считали, что аммониты излечивают от бесплодия и облысения, если носить их как талисманы; но, конечно же, теперь мы знаем, что из этого ничего не выйдет.

- Раньше аммонитов называли «змеиными камнями»: легенда гласила, будто их спиралевидная форма объясняется тем, что раньше это были змеи, которые затем превратились в камень.

ВРЕМЯ ОБИТАНИЯ: юрский и меловой периоды
РАЗМЕР: от мелких до имевших диаметр 0,9 м
ВЕС: различный в зависимости от размера
ОТКРЫТ: практически по всему миру

ДРУГИЕ ДАННЫЕ: животные обитали внутри раковин; перемещение контролировалось содержимым камер, имевшихся внутри раковин; питались планктоном и морской растительностью

ВИТКИ ВНУТРИ ВИТКОВ

Раковины аммонитов представляют собой несколько витков, или плоскую спираль, именно это и придает аммонитам их необычную форму. Иногда на раковинах также имелись шипы и другие небольшие выросты, служившие для дополнительной защиты от самых разнообразных хищников, иначе те могли бы запросто разгрызть аммонита. Некоторые аммониты даже найдены с отметинами — следами от зубов.

Сами аммониты, вероятно, питались мелким планктоном и морской растительностью.

> **КОРОТКИЙ ФАКТ**
>
> Некоторые аммониты были очень маленького размера, тогда как у других диаметр равнялся размерам вашей руки, или даже больше.

Это были толстые существа с большими глазами и многочисленными щупальцами. В случае опасности эти щупальца убирались в раковину. Если аммонит хотел развить скорость, чтобы спастись от хищника, он выбрасывал поток воды и на огромной скорости отлетал назад, в безопасное место.

Латимерия

Иногда мы склонны думать, что все доисторические виды животных вымерли. Но, как это ни удивительно, и по сегодняшний день существуют животные, предки которых были современниками динозавров.

День выдался долгим, но рыбаки были довольны. Воды Индийского океана, окружающего их родные Коморские острова, расположенные неподалеку от побережья Юго-Восточной Африки, кишели рыбой. Как обычно, рыбаки направлялись в порт Ист-Лондон, ЮАР, и их маленькая лодка трещала под тяжестью улова.

Однако в этот декабрьский день 1938 года их внимание привлекла необычная рыба. Судорожно хвативший воздух экземпляр длиной 1,8 метра, лежавший на молу, был не похож ни на одну рыбу, когда-либо выловленную ими. Может быть, молодая ученая леди из музея заинтересуется, пришло им в голову.

Как оказалось, Марджори Куртенэ-Латимер едва могла сдержать свой восторг, когда они принесли ей рыбу. Перед ней лежало создание, знакомое ей лишь по окаменелостям, найденным в скале, возраст которой составлял миллионы лет. Форма тела, плавники и хвост — всё соответствовало доисторическому целаканту, или латимерии, который считался вымершим, поскольку самым поздним из его обнаруженных останков было не менее 60 миллионов лет.

ДАЛЬНЕЙШИЕ НАХОДКИ

Когда четырнадцать лет спустя, в 1952 году, был обнаружен другой экземпляр, его изучил Кейптаунский эксперт-ихтиолог профессор Дж. Смит, который подтвердил, что целакант действительно является живым ископаемым, сохранившимся по сей день и не подвергшимся изменениям в течение 400 миллионов лет.

Как же, однако, целаканту удалось выжить, если его доисторические коллеги давно вымерли? Над этой загадкой ученые ломали голову до 1987 года, когда немецкий биолог Ханс Фрике использовал глубоководные исследовательские аппараты (батискафы) для изучения океанического дна вокруг Коморских островов. Здесь, на очень большой глубине, он обнаружил живого целаканта, спокойно исследовавшего разлом в подводных скалах. Как ни странно, вокруг не было следов какой-либо морской жизни, хотя, судя по содержимому желудков ископаемых целакантов, их предки питались головоногими и рыбами.

КОРОТКИЙ ФАКТ

Целакант получил прозвище «древнее четвероногое» из-за своих кистеподобных грудных и тазовых плавников.

ВРЕМЯ ОБИТАНИЯ: живет и по сей день как «живое ископаемое»
РАЗМЕР: 1,8 м в длину
ВЕС: большой, поскольку эта рыба является слишком толстой для своей длины
ОТКРЫТ: в Индийском океане

ДРУГИЕ ДАННЫЕ: впервые обнаружена в живом виде в 1938 году; выглядит так же, как и, судя по окаменелостям, 400 миллионов лет назад; скрыта от остальной морской жизни

Разгадкой выживания целакантов, заявил он, является отшельнический образ жизни, который они ведут. Будучи громоздкими и, видимо, медлительными, рассуждал он, целаканты не могли соперничать в скорости при погоне за добычей с более обтекаемыми и, соответственно, более подвижными рыбами. Поэтому они удалились на практически необитаемые глубины, куда не наведывались более быстрые рыбы.

Фороракос

Примерно 15—20 миллионов лет назад на территории современной Южной Америки жила огромная нелетающая птица. Она была высотой 2,7 м и имела мощные ноги, позволявшие ей бегать на большой скорости. Ее большой загнутый клюв был идеальным инструментом для раздирания на части свежего мяса.

ВРЕМЯ ОБИТАНИЯ: 20 миллионов лет назад, в миоценовую эпоху
РАЗМЕР: высота 2,7 м
ОТКРЫТ: в Патагонии, Южная Америка
РАЦИОН: преимущественно мясо

ДРУГИЕ ДАННЫЕ: нелетающая птица; лишь рудиментарные (зачаточные) крылья; клюв крючком; быстро бегала; крупный череп до 60 см в длину; вероятно, откладывала очень крупные яйца

Ученые считают, что фороракос почти наверняка питался мясом, поскольку его большие челюсти и клюв указывают на образ жизни типичной хищной птицы. Иллюстрация на противоположной странице дает представление о том, как выглядел фороракос, поймавший некрупную добычу. Без сомнения, он был способен проглотить эту рептилию целиком.

Для птицы фороракос имел очень большой череп, до 60 см в длину; но в остальных отношениях он был очень похож на знакомых нам страусов, которые, конечно же, также не умеют летать.

Большую часть своего времени эта птица проводила, бегая по равнинам Патагонии в поисках очередной жертвы. Но как самому фороракосу удавалось избегать когтей более сильных хищников? Просто в данное время в данной части света, по мнению ученых, не было крупных хищников, поэтому такие животные, как фороракос, не подвергались риску оказаться в зубах другого хищника.

Более ранней и не менее любопытной нелетающей птицей была диатрима, обитавшая на территории сегодняшней Северной Америки, а именно штата Вайоминг, США, еще 50 миллионов лет назад.

Практически полный скелет диатримы можно увидеть в Музее естественной истории в Нью-Йорке. Эти птицы также были высоки ростом, а сильные ноги делали их хорошими бегунами. Однако клюв этой птицы больше напоминал клюв попугая, чем клюв фороракоса, а череп не был таким длинным. Эта птица также имела лишь рудиментарные крылья, из чего мы можем сделать вывод, что они не были достаточно сильными для полета и что эта птица жила на земле.

Невелика вероятность того, что какая-нибудь из этих птиц жила в больших стаях, и ни разу не было обнаружено нескольких окаменевших скелетов в одном и том же месте. Вероятно, они жили поодиночке, приближаясь друг к другу лишь для спаривания.

Обе эти нелетающие птицы, без сомнения, откладывали огромнейшие яйца, как страусы. Они были во много раз крупнее куриных яиц.

Мир форорakoca

- Эпоха, в которую фороракос жил на территории современной Южной Америки, называется миоценом.

- Голова фороракоса была даже больше головы современной лошади — это чрезвычайно необычно для птицы.

- Помимо мяса форoракос мог включать в свой рацион и растительность.

Глиптодонт

Защищенный прочным панцирем глиптодонт, или гигантский броненосец, конечно же, мог защитить себя от любого хищника и был, без сомнения, одним из самых странных существ, которых видел когда-либо мир.

Вообразите себе сцену, когда с громким рыком разъяренный саблезубый тигр вскочил, чтобы разделаться с наглецом, потревожившим его полуденный сон. Но увидев нарушителя своего спокойствия, саблезубый тигр передумал. И размер животного, и его мощная броня внушали уважение.

Этим необычным созданием был глиптодонт, предшественник сегодняшних армадилов, или броненосцев. Костный щит покрывал его спину, тогда как голова была защищена подобием шлема.

Кроме того, на хвосте были шипы. Таким образом, его мягкое брюхо было очень хорошо защищено. Но, несмотря на устрашающий вид, глиптодонт не был плотоядным и питался травой, растущей на лугах доисторической Южной Америки, а вовсе не другими животными.

ХОЛОДНЫЕ ВРЕМЕНА

Но когда климат стал холоднее, местная растительность стала меняться, что негативно отразилось на глиптодонте. Теперь этим животным стало не хватать пищи, и вскоре их численность резко упала. Окончательно глиптодонт вымер 50 000 лет назад, задолго до появления современного человека.

КОРОТКИЙ ФАКТ

Панцири глиптодонтов вырастали до очень внушительных размеров и были чрезвычайно толстыми и прочными, доходя до шлема, покрывавшего голову.

ВРЕМЯ ОБИТАНИЯ: до плейстоцена
РАЗМЕР: 3,3 м в длину
ВЕС: 2 т
ОТКРЫТ: в Южной Америке

ДРУГИЕ ДАННЫЕ: огромный панцирь; шипы на хвосте обеспечивали дополнительную защиту от хищников; мягкое брюхо; шлем, защищавший голову; травоядное

Необычная судьба ждала его. Останки его громадного и тяжелого панциря первобытные люди использовали в качестве убежища.

Для древних народов Южной Америки эти панцири были небольшими, но чрезвычайно прочными жилищами.

Смилодон

Относящийся к саблезубым тиграм смилодон был хищником с огромными и острыми, как кинжалы, клыками.

Саблезубые кошачьи, должно быть, относятся к числу самых жестоких убийц всех времен. С помощью чрезвычайно сильных шейных мышц они свирепо вонзали свои устрашающие клыки в горло или в живот несчастной жертвы. Вероятно, это было ужасное зрелище.

Некоторые ученые считают, что помимо мяса саблезубые употребляли в пищу также кровь и внутренние органы жертвы. Эти свирепые животные, возможно, даже убивали по нескольку раз на дню, чтобы добыть достаточно пищи для выживания.

КОРОТКИЙ ФАКТ

Группы смилодонов, вероятно, мигрировали на огромные расстояния, по перешейкам пересекая водные бассейны, как это делали бизоны и мамонты.

УДИВИТЕЛЬНОЕ ОТКРЫТИЕ

Лос-Анджелес, штат Калифорния, США, сегодня является одним из самых деловых городов мира. В нем постоянно бурлит жизнь, а автодороги переполнены транспортом. Пригород Лос-Анджелеса, Голливуд, — владенья киноиндустрии. Недалеко, в округе Аннахейм, находится Диснейленд.

Кто же мог подумать, что совсем рядом, на Ранчо Ла Бреа, палеонтологи сделают историческое открытие — кости ни много ни мало двух тысяч саблезубых тигров!

Раскопки начались в 1913 году и завершились спустя примерно 20 лет. За это время здесь были найдены окаменелые скелеты многих видов животных и птиц — от антилоп, гигантских ленивцев, слонов и бизонов до соколов, оленей и волков. Были также извлечены останки мамонтов и верблюдов.

По всей видимости, тысячи лет назад, во времена плейстоцена, все эти животные увязли в огромной топкой луже. Из залегавшего ниже каменного пласта сочилось минеральное масло, превращавшееся в крайне липкую смолу, вырваться из которой было невозможно.

ВРЕМЯ ОБИТАНИЯ: 11 000 лет назад
РАЗМЕР: с тигра
ВЕС: как у современного тигра
ОТКРЫТ: в Северной и Южной Америке

ДРУГИЕ ДАННЫЕ: свирепый хищник; млекопитающее; огромные клыки; впивался в горло или в живот своей жертвы; вероятно, является причиной исчезновения многих травоядных

Вероятно, происходило следующее: травоядные приходили напиться из того, что казалось им озером, но не останавливались на берегу. Вместо этого они заходили в покрытую водой яму, не замечая смолы, скрывавшейся под поверхностью, и прилипали. Затем в воду заходили хищники, такие как смилодон, привлеченные легкой добычей, и также тонули в трясине. Должно быть, это повторялось снова и снова, возможно, в течение столетий, судя по количеству обнаруженных в этом месте скелетов.

Мир смилодона

- Последние саблезубые вымерли примерно 11 000 лет назад, возможно, вследствие изменений температуры и уровня моря.

Пещерные медведи

Когда пещерный медведь выходил из своего логова, множество других животных, должно быть, дрожало за свои жизни. Однако пещерный медведь редко нападал на кого-нибудь, особенно летом, когда он обычно питался растениями, о чем свидетельствует тип его зубов.

Размером примерно с сегодняшних медведей гризли и, вероятно, столь же устрашающие, пещерные медведи были, тем не менее, изгнаны из своих убежищ нашими предками во время последнего Ледникового периода. Борьба за пещеры, служившие убежищами, между этими медведями и различными гоминидами (человекоподобными), особенно неандертальцами и кроманьонцами, была весьма ожесточенной. Пещерные медведи жили группами, поэтому, вероятно, было очень трудно выгнать их. В одной лишь пещере в Австрии ученые обнаружили останки 30 000 пещерных медведей. Конечно же, они не жили в ней все одновременно; но это открытие доказывает, что медведи использовали эту пещеру на протяжении многих поколений.

Мир пещерных медведей

- Пещерные медведи уничтожались первыми людьми, но их вымирание главным образом связано с тем, что, являясь преимущественно травоядными животными, они не могли найти достаточно пищи во время последнего Ледникового периода. Последние из них, вероятно, умерли с голода.

Ископаемое доказательство

Откуда ученые знают, что медведи вели борьбу с людьми? Этому есть доказательства в виде следов от копий на окаменевших костях, а также сломанные наконечники этого оружия.

В плейстоценовую эпоху пещерные медведи обитали во многих частях современной Европы — к примеру, в Польше, Франции, Швейцарии, Германии, Австрии, Англии и на территории бывшей Югославии; их останки также обнаружены в России и в Китае. По подсчетам ученых, последние пещерные медведи жили на территории Югославии примерно 10 000 лет назад. Возможно даже, что кости гоминид, обнаруженные в некоторых из пещер, принадлежат индивидам, убитым пещерными медведями, которые защищали свою территорию.

Эти медведи появлялись на свет и впадали в спячку в пещерах и зачастую также умирали там. Окаменевшие следы также доказывают, что медведи когда-то жили в определенных пещерах. На стенах сохранились отметины, оставленные медведями, точившими таким образом когти. Мир больше не увидит этих животных, вымерших из-за потери основной пищи.

ВРЕМЯ ОБИТАНИЯ: плейстоцен
РАЗМЕР: с современного медведя гризли
ВЕС: как у современного медведя гризли
ОТКРЫТ: во многих частях Европы и Китая

ДРУГИЕ ДАННЫЕ: вели борьбу с первобытными людьми; доказательства найдены в пещерах; сильно развитый рефлекс защиты собственной территории; обнаружены также окаменевшие следы; вымерли во время последнего Ледникового периода

Мегатерий

Никто не знает, какого цвета было это огромное, медлительное и неуклюжее животное. Останки показывают, однако, что оно было покрыто роскошным мехом.

Как показано на этой иллюстрации, мегатерии, или гигантские наземные ленивцы, могли с легкостью доставать до верхних сочных веток и пригибать их вниз. До верхушек деревьев могло дотянуться мало животных, а это значит, что ленивцы были хорошо обеспечены пищей.

Родственники современных ленивцев, гораздо более мелких, живущих на ветвях деревьев, некоторые из этих животных достигали таких размеров, что, когда они вставали на задние лапы, их рост был 5,2 м — как у современных жирафов.

Эти необычные животные вымерли примерно во время возникновения первых людей. Возможно, мы охотились на них; но, по всей видимости, не наш приход послужил причиной их исчезновения. Причиной было, вероятно, изменение климата и рельефа.

Несколько лет назад мех и экскременты, принадлежавшие гигантскому ленивцу, были обнаружены в одной из пещер Южной Америки. Сначала решили, будто это значит, что данное животное вовсе не вымерло, однако проведенные анализы показали, что останки удивительно хорошо сохранились, но их возраст составляет много тысяч лет.

Мир гигантского ленивца

- Останки этого доисторического существа были обнаружены в Северной и Южной Америке, где оно, видимо, обитало бок о бок с такими животными, как глиптодонты (гигантские броненосцы), в третичный период. Его вес мог достигать нескольких тонн.

ВРЕМЯ ОБИТАНИЯ: вплоть до периода 11 000 лет назад
РАЗМЕР: 5,2 м
ВЕС: неизвестен, но, вероятно, несколько тонн
ОТКРЫТ: в Северной и Южной Америке

ДРУГИЕ ДАННЫЕ: млекопитающее; обнаружены окаменевшие скелеты, а также волосяной покров и экскременты; травоядное; возможно, часть времени проводило в пещерах

Шерстистый носорог

Густой красно-коричневый мех этого носорога, без сомнения, защищал это толстое животное от крайне суровых погодных условий регионов, в которых он обитал до своей гибели.

Легко узнаваемый по своему густому, косматому волосяному покрову и паре симпатичных рогов — передний рог гораздо длиннее, чем задний, — которые украшали его голову, шерстистый, или волосатый, носорог жил рядом с мамонтами, существовавшими в позднем плейстоцене.

Однако вряд ли между ними возникали кровавые стычки. Шерстистый носорог, возможно, выглядел устрашающе, но он никогда не нападал, чтобы добыть пищу, поскольку был исключительно травоядным.

Что бы ни случилось, это упитанное животное, видимо, не могло проворно двигаться, а лишь неуклюже ковыляло вперевалку, как сегодняшние носороги. Глубокие снега Сибири, без сомнения, еще более замедляли его передвижения.

Но, очутившись лицом к лицу с врагом, он, несомненно, незамедлительно бросался в атаку.

Рост этого носорога составлял почти 1,5 м от плечевого сустава, а длина тела достигала 3,5 м. Многочисленные ископаемые экземпляры были обнаружены в Сибири и в Польше.

При малейшей возможности он принимался спокойно пастись, поглощая огромные количества травы.

Это помогало шерстистому носорогу, жившему 400 000—25 000 лет назад, делать запасы жира и энергии и, следовательно, обеспечивало больше шансов на выживание в менее благоприятные времена.

Мир шерстистого носорога

- Появившийся в Сибири и затем мигрировавший в некоторые части Европы, шерстистый носорог вымер главным образом в конце последнего Ледникового периода. Мы знаем о том, как он выглядел, по останкам его скелета, а также по наскальным рисункам наших предков.

ВРЕМЯ ОБИТАНИЯ: последние 10 000 лет назад
РАЗМЕР: 3 м в длину
ВЕС: вероятно, такой же, как у современного носорога
ОТКРЫТ: на Украине, в Сибири, в Польше

ДРУГИЕ ДАННЫЕ: большой передний рог, задний поменьше; травоядное; могло свирепо атаковать, защищаясь; косматый мех согревал среди снегов

Известный науке как Coelodonta antiquitatis, шерстистый носорог вымер примерно 10 000 лет назад, когда произошли серьезные изменения в численности млекопитающих на всех континентах.

Некоторые ученые считают, что изменился климат, став теплее, поскольку растаяли ледники. Другие, однако, придерживаются мнения, что по мере увеличения численности людей они убивали все больше млекопитающих, которых использовали в пищу.

В Палеонтологическом музее в Кракове, в Польше, хранится восхитительный экземпляр — самка шерстистого носорога, извлеченная из илистых отложений на Украине. Как ни удивительно, даже мягкие ткани находятся в очень хорошем состоянии, поскольку вся туша целиком была законсервирована на протяжении 10 000 лет в нефте-соляных отложениях. Интересно, что передний рог сплющен в продольном направлении, в отличие от рога современных носорогов. Вероятно, он использовался для выкапывания из-под снега травы.

Диниктис

Только вообразите себе агонию древней лошади, изображенной на этом рисунке, когда на нее прыгнул свирепый представитель семейства кошачьих, живший в доисторические времена! Страшная смерть была неминуема.

В Северной Америке, примерно 30 миллионов лет назад, поколения первых лошадей и многих других животных, должно быть, пали жертвами этого хищника.

Этот хищник инстинктивно выбирал наилучшую стратегию нападения; и его атака была настолько яростной, что несчастное животное, обреченное стать его следующими несколькими трапезами, уже через несколько минут умирало, хрипя в агонии.

ВРЕМЯ ОБИТАНИЯ: 30 миллионов лет назад
РАЗМЕР: 1 м в длину
ВЕС: неизвестен
ОТКРЫТ: в Северной Америке

ДРУГИЕ ДАННЫЕ: свирепый хищник; иногда именуется ложной саблезубой кошкой, поскольку был меньше размером по сравнению с саблезубыми и имел не столь большие клыки, которые все же являлись страшным орудием убийства; острые когти; пять пальцев

> **КОРОТКИЙ ФАКТ**
>
> Большинство животных, живших одновременно с диниктисом в третью эпоху третичного периода, давно вымерли.

Хотя рост диниктиса достигал всего 0,6 м от плечевого сустава, а длина тела 1 м, это был грозный охотник, нападавший при любой подвернувшейся возможности.

Возможно, вам покажется странным, что животное такого небольшого размера осмеливалось атаковать лошадь. Но доисторические лошади были невысокого роста, а диниктис был невероятно свиреп. Редкое животное могло чувствовать себя в безопасности, когда он выходил на охоту.

Нападая, диниктис в первую очередь вонзал в жертву страшные когти. Затем он пускал в ход свои клыки, чтобы оторвать кусок мяса и заставить жертву истекать кровью. Умертвив ее, диниктис мог приступить к трапезе вместе со своей подругой и потомством.

Меньше, чем смилодон и другие, более поздние, саблезубые тигры (обратитесь к страницам 66—67, чтобы прочитать и о них), диниктис также имел мощные зубы верхней челюсти, но они были существенно меньшего размера. Иногда диниктиса называют ложной саблезубой кошкой, поскольку его клыки были гораздо меньше клыков саблезубых тигров. Однако они все же чрезвычайно хорошо подходили для того, чтобы вонзать их в добычу.

ХОРОШО РАЗВИТЫЕ ОРГАНЫ ЧУВСТВ

Диниктис, вероятно, отличался очень острым зрением и слухом, а также хорошим нюхом. Однако никто не знает, какого цвета он был и какой красовался узор на его шкуре, да и был ли узор вообще; и мы можем только догадываться, что он имел длинные, чувствительные усы.

Мы можем также предполагать, что при атаке он издавал резкий, пронзительный крик и что атака его была ужасающе свирепой.

Мир диниктиса

- Останки диниктиса были обнаружены палеонтологами в Северной Америке, в штатах Южная Дакота и Небраска, США.

- Диниктис имел более длинный хвост, чем большинство саблезубых тигров, которых также называют махайродами.

Мамонты

Эти похожие на слонов животные полностью вымерли примерно 4 000 лет назад, прожив на Земле более 2 000 лет. Их останки были обнаружены в Европе, в Северной Америке и в Сибири.

Причина исчезновения мамонтов и по сей день остается загадкой, но ученые выработали несколько предположений относительно их гибели. Одни из них высказали предположение, что к концу последнего Ледникового периода, примерно 10 000 лет назад, наступило несколько чрезвычайно холодных периодов, когда мамонты не могли найти себе пропитание и умирали с голода.

УВЯЗШИЕ В ТРЯСИНЕ
По другой теории, с потеплением лед начал таять. Поскольку почва становилась мягкой, тяжелые мамонты увязали в болотах и не могли выбраться из этих ловушек. Здесь они и погибали. Их тела могли затем замерзнуть в почве, когда климатические условия снова изменились.

В некоторых местах, например на Ранчо Ла Бреа в Калифорнии, США, останки мамонтов были обнаружены в галечнике и в асфальтовых ямах. Практически наверняка, они увязли в них. В подобные ямы их даже могли загнать охотники.

Однако другие ученые считают, что при потеплении мамонты могли зачастую испытывать обезвоживание. Поэтому они могли собираться в больших количествах вокруг высыхающих на глазах озер и вдоль рек, поедая всю пищу, которую находили поблизости.

Собираясь вместе в огромных количествах, они могли привлекать голодных хищников. Ослабевшие от недостатка пищи и воды, мамонты были не в состоянии противостоять этим агрессивным животным. Кроме того, в таких больших стадах быстро могли распространяться заразные заболевания, уносившие многих мамонтов.

> **КОРОТКИЙ ФАКТ**
>
> Шерстистые мамонты весили примерно как 80 крупных взрослых современных мужчин и были покрыты косматой темной шерстью.

ГЛУБОКАЯ ЗАМОРОЗКА
Самые лучшие ископаемые мамонты были обнаружены в Сибири, где было найдено более 4 500 этих животных. Здесь вечная мерзлота сыграла роль огромной морозильной установки, сохранившей в нетронутом виде всех животных, попавших в нее. Ученые думают, что примерно 500 000 тонн бивней может все еще находиться в почве. Браконьеры зачастую незаконно добывают их для резьбы по слоновой кости.

ВРЕМЯ ОБИТАНИЯ: последние 4 000 лет назад
РАЗМЕР: рост 3,4 м
ВЕС: до 6 т
ОТКРЫТ: в Европе, Северной Америке и Сибири

ДРУГИЕ ДАННЫЕ: травоядное; огромные бивни; некоторые экземпляры найдены хорошо сохранившимися в Сибири в условиях вечной мерзлоты; на них охотились первобытные люди, использовавшие мясо и бивни

Мир мамонта

- Как травоядные, мамонты проводили большую часть времени в поисках растительности, особенно травы. Некоторые ископаемые мамонты настолько хорошо сохранились, что ученые получили возможность изучать даже содержимое их желудков.

- Крупные животные, такие как мамонты, были приспособлены к выживанию при низких температурах, так как их размер уменьшал теплоотдачу через кожу. Толстый слой жира также помогал им сохранять тепло.

Альтикамелус

Очень похожий на гибрид верблюда с жирафом, альтикамелус кочевал по Северной Америке, где и были обнаружены его останки, а именно в Колорадо. Благодаря своему росту он мог спокойно ощипывать верхушки деревьев, не встречая конкуренции со стороны других растительноядных.

Сегодня существует два типа верблюдов. Первый — одногорбый дромадер; второй — двугорбый бактриан, дикая разновидность которого теперь находится под угрозой исчезновения. (Узнать о диких бактрианах больше вы сможете, если обратитесь к странице 214.)
Доисторический верблюд имел черты, свойственные обоим современным верблюдам, но были и отличия.

ВРЕМЯ ОБИТАНИЯ: миоцен
РАЗМЕР: высота более 3 м
ВЕС: неизвестен
ОТКРЫТ: в Северной Америке

ДРУГИЕ ДАННЫЕ: название означает «высокий верблюд», найдены окаменевшие следы; никаких признаков горба, имеющегося у современных верблюдов; длинные ноги; длинная тонкая шея; передвигался как современные верблюды

Альтикамелус, название которого означает «высокий верблюд», жил в миоцене, начиная примерно с 10—5 миллионов лет назад. Как вы можете видеть на иллюстрации на противоположной странице, он обладал очень длинными ногами и длинной тонкой шеей. Хвост был коротким, и, в отличие от настоящего современного верблюда, имелось лишь небольшое возвышение на спине, а вовсе не горб как таковой.

Однако у него имелись копыта, а его рост составлял более 3 м. Но половину роста составляла шея.

Возможно, трудно поверить в то, что верблюды когда-то представляли собой естественную фауну сегодняшней Северной Америки; но большая часть их эволюции действительно проходила в этой части света.

Лишь позднее они добрались до Южной Америки, о чем свидетельствуют сегодняшние ламы. Естественным же ареалом настоящих современных верблюдов является Северная Африка, Монголия, Китай и, конечно же, Средний Восток.

МАЛО-ПОМАЛУ

В начале своей эволюции альтикамелус, вероятно, был гораздо более мелких размеров. Он был тогда с овцу; но постепенно за миллионы лет это животное стало гораздо выше и приобрело очень длинную шею. Кроме того, они начали бегать иноходью, как современные верблюды.

Окаменевшие следы, датируемые миоценом, показывают, что, без сомнения, существовали животные, которые сначала переставляли обе правые конечности, а затем обе левые, размеренно вышагивая по безбрежным пастбищам. Лишь родственники жирафов и верблюдов передвигаются таким образом.

Никто не может дать ответа, почему у некоторых верблюдов миоценовой эпохи развился длинный хобот, лишенный зубов за исключением пары резцов спереди; но возможно, он добавлял животным роста и делал их способными доставать до листвы на верхушках еще более высоких деревьев.

> **КОРОТКИЙ ФАКТ**
>
> Поскольку альтикамелус был лишен горба, он, вероятно, не мог хранить питательные вещества в течение продолжительных периодов времени, как это делает настоящий верблюд.

Мир альтикамелуса

- Альтикамелуса порой называют пикамелусом. Окаменевшие следы, обнаруженные в Медном Каньоне в Национальном памятнике Долина Смерти, США, размером примерно 20 см в длину и 15 см в ширину, вероятнее всего, оставлены стадами высоких верблюдов.

Мезогиппус

Обитавший на территории сегодняшней Северной Америки, а именно штата Небраска, США, примерно 30 миллионов лет назад, в середине олигоцена, мезогиппус был миниатюрной лошадью, жившей в стадах. Он является звеном эволюционной цепи лошадей, которых мы знаем сегодня.

Огромное количество ископаемых доисторических лошадей было обнаружено палеонтологами, и это дало им возможность выяснить, как лошадь менялась на протяжении многих миллионов лет.

Считается, что первые лошади появились в Северной Америке примерно 54 миллиона лет назад, после чего они переселились в результате серии миграций в Евразию и в Южную Америку. Ученые считают, что они, вероятно, перебрались в Европу по сухопутному мосту, который существовал на месте сегодняшнего Берингова пролива.

Гиракотерий, известный также под названием эогиппус, был размером с зайца и являлся предком лошади, жил в эоцене в Северной Америке и в Европе. Видимо, это был лесной житель, державшийся поодиночке и ощипывавший низкую листву.

Лишь в олигоцене начали появляться лошади размером с большую собаку. К этим миниатюрным лошадям относился и мезогиппус, чье название означает «средняя лошадь». Вы можете увидеть целое стадо этих мирно пасущихся животных на иллюстрации справа.

Теперь каждая из четырех конечностей имела по три пальца. Центральный был больше остальных двух и потому нес основную часть веса тела. Затем со временем у лошадей развились копыта, подобные тем, которые видели мы все.

Но эволюция лошадей не шла по прямой линии. Возникали и затем вымирали многочисленные разнообразные типы. Некоторые даже сосуществовали; и у всех начали развиваться зубы, более подходящие для пережевывания жесткой травы, и вот, наконец, появилась современная лошадь, известная в среде ученых как Equus, или эквус.

Мир мезогиппуса

- Мезогиппус является звеном эволюционной цепи копытных. Это имеющие копыта травоядные, такие как рогатый скот, олени, слоны и лошади.

- Мезогиппус приспособился к жизни на открытых просторах. Он имел более длинную голову, чем его предшественник, гиракотерий, и был выше.

ВРЕМЯ ОБИТАНИЯ: олигоцен
РАЗМЕР: с большую собаку
ВЕС: неизвестен
ОТКРЫТ: в Северной Америке

ДРУГИЕ ДАННЫЕ: травоядное; копытное; название означает «средняя лошадь»; предок современных лошадей; по три пальца на передних и задних конечностях; пасся на лугах

Эндрюзарх

В американском Музее естественной истории, в Нью-Йорке, выставлено много интереснейших экспонатов, но один действительно необычен. Это обладатель самого крупного черепа из всех хищников известных науке, ныне живущих или вымерших. Длина этого черепа 84 см, а ширина 56 см; и принадлежал он хищнику, вымершему 34 миллиона лет назад, — эндрюзарху, который изображен здесь готовящимся к нападению.

ВРЕМЯ ОБИТАНИЯ: поздний эоцен
РАЗМЕР: примерно 5,5 м в длину
ВЕС: неизвестен
ОТКРЫТ: в Монголии

ДРУГИЕ ДАННЫЕ: назван по имени Роя Чепмена Эндрюза, который в 1923 году возглавил экспедицию, в ходе которой впервые было обнаружено это животное; самый крупный из известных креодонтов

Датируемый поздним эоценом и обнаруженный в Монголии череп, который, по мнению ученых, принадлежал животному, названному ими эндрюзархом, является удивительным экземпляром. Это часть скелета животного, полная длина тела которого, вероятно, была примерно 5,8 м. При таких размерах он был примерно в четыре раза длиннее современного волка и в два раза длиннее бурого медведя.

Палеонтологи относят эндрюзарха к мезонихидам (одной из первых групп доисторических млекопитающих, приспособившейся к исключительно мясной пище).

СТРАННАЯ СВЯЗЬ

Но, возможно, самым интересным в этом волкоподобном существе является то, что, по мнению ученых, он скорее всего является родственником, пусть и предположительно дальним, не современных волков, а китов. Без сомнения, есть поразительно схожие черты между черепами и зубами мезонихид и самых первых китов, обнаруженных на сегодняшний день.

Мир эндрюзарха

- Ученые сумели описать эндрюзарха на основе одного лишь найденного черепа.

- Эндрюзарх имеет очень сильно сплющенный череп и огромные резцы, идеальные для вонзания в добычу.

- Мезонихиды, такие как эндрюзарх, передвигались на пальцах ног и имели длинные хвосты и острые зубы.

Эта связь была впервые выявлена в 1937 году; но с тех пор было найдено еще несколько мезонихид, которые подтверждают эту теорию. К примеру, на территории современного Пакистана было найдено необычное переходное животное, названное амбулоцет, которое имело конечности, хорошо приспособленные для плавания, хотя нет никаких признаков хвостового плавника, имеющегося у настоящих китов.

Дипротодонт

Современных сумчатых — опоссума, кенгуру-валлаби и коалу, к примеру, — никак нельзя назвать гигантами. Однако когда-то существовали громадные представители этого семейства — среди них дипротодонт, — которые жили в Австралии.

В отличие от плацентарных — к этой группе относится человек — сумчатые имеют карманы, в которых вынашивают свое потомство, пока оно не становится достаточно зрелым для того, чтобы кормиться самостоятельно. Когда-то эти животные населяли весь земной шар, однако затем вымерли повсюду за исключением Австралии и Южной Америки, где некоторые виды можно увидеть и сегодня. Все они небольшого или среднего размера, а самое известное из этих животных, пожалуй, австралийский кенгуру.

Раньше, однако, существовали виды просто гигантские по сравнению с сегодняшними сумчатыми. Австралийский гигантский кенгуру, к примеру, достигал 3 м в высоту. Но несмотря на свой рост, по мнению ученых, передвигался он точно так же, как сегодняшние кенгуру — подпрыгивая и затем делая скачок вперед на двух задних ногах. Но дипротодонт, как вы можете видеть на этой иллюстрации, был совсем не похож на тех сумчатых, которых мы знаем в XXI веке.

Первые ископаемые дипротодонты были обнаружены учеными в илистых отложениях крупного озера, в котором несколько этих животных утонули, когда кормились на берегу. Эти останки удивительно хорошо сохранились.

КОРОТКИЙ ФАКТ

Все гигантские австралийские сумчатые, по всей видимости, были истреблены людьми 12 000 лет назад.

ВРЕМЯ ОБИТАНИЯ: плейстоцен, 1 миллион лет назад
РАЗМЕР: более 3 м
ВЕС: неизвестен
ОТКРЫТ: в Австралии

ДРУГИЕ ДАННЫЕ: вероятно, не очень сообразительно, поскольку имело маленький мозг; сумчатое; череп длиной 50 см; сильные челюсти; огромные зубы; основными врагам являлись крупные хищники

По ним мы можем определить, что дипротодонт был исключительно травоядным. К примеру, их зубы были идеальны для пережевывания растительного корма.

Были найдены также следы дипротодонта, а кроме того, скелет детеныша дипротодонта обнаружили прямо в сумке матери.

На некоторых костях дипротодонта имеются отметины, показывающие, что на него охотились люди.

Основными врагами дипротодонта и других крупных сумчатых были, вероятно, такие животные, как сумчатый лев, с зубами, острыми как лезвие бритвы. Этот хищник без колебаний атаковал и убивал крупную и сильную добычу.

Платибелодон

Примерно 10 миллионов лет назад на территории современной Монголии, на окраине пустыни Гоби, бродил лопатобивневый мастодонт, которого мы знаем как платибелодона. На иллюстрации ниже вы можете увидеть, что за странное существо это было! Огромные челюсти имели вид лопаты; из нижней челюсти торчали два огромных резца.

ВРЕМЯ ОБИТАНИЯ: миоцен
РАЗМЕР: 1,8 м в длину
ВЕС: неизвестен, но вероятно несколько тонн
ОТКРЫТ: в пустыне Гоби

ДРУГИЕ ДАННЫЕ: обнаружен американским палеонтологом Роем Чепменом Эндрюзом; известен своими огромными челюстями и лопатообразным бивнем

Около 1,5 м от плечевого сустава, при длине черепа вместе с нижней челюстью до 1,8 м, платибелодон был во многом похож на слона, за исключением того, что он не имел хобота. Его место занимали огромные челюсти.

Платибелодон вымер к концу миоцена, примерно 6 000 000 лет назад, и сегодня не существует животного с такой необычной формой рта.

Известный палеонтолог Рой Чепмен Эндрюз обнаружил несколько ископаемых останков этих удивительных животных, находясь в экспедиции в пустыне Гоби, в Монголии, в 1930 году.

Вот что он написал о находке:

«Прямо под навесом узкого мыса мы обнаружили множество обнажившихся костей. Когда мы вскрыли костеносный горизонт, черепа, челюсти и части скелетов детенышей мастодонтов существенно превосходили количеством останки всех остальных животных. Очевидно, здесь рядом с берегом озера было болото. Матери лопатобивневые мастодонты (платибелодоны) со своими детенышами пришли сюда напиться или покормиться».

Все обнаруженные экземпляры были детенышами. Чепмен Эндрюз и его бригада даже обнаружили часть черепа нерожденного платибелодона, который все еще находился в тазе своей матери.

Утонувшие в трясине

Неподалеку были обнаружены другие ископаемые платибелодоны. Бригада работала полные шесть недель, чтобы извлечь эти останки из земли. Чепмен Эндрюз вскоре начал понимать, что же произошло столько миллионов лет назад. Вероятно, когда-то в том месте, где они работают, размышлял он, находился залив, на краю которого могло быть вязкое болото. Однако оно было покрыто водой, в которой росло множество водяных растений, являвшихся для платибелодона лакомым кусочком. Привлеченные этими растениями, некоторые из животных заходили в воду все дальше и дальше, пока наконец не увязли в болотистой почве. Вскоре они утопали; то же самое произошло со многими другими, которых заманила перспектива плотного обеда, и их тела впоследствии окаменели.

Мир платибелодона

- Рой Чепмен Эндрюз и его бригада обнаружили в Монголии ископаемых самцов, самок и детенышей платибелодона.

- Лопатообразный бивень платибелодона во многих отношениях был гораздо более удобным инструментом, чем хобот других мастодонтов.

Индрикотерий

Трудно поверить, но это странно выглядевшее длинношеее животное было родственником носорогов, несмотря на то, что оно было совсем не похоже на них и даже не имело какого-либо подобия рога на носу.

Если бы вы могли вернуться назад на целых 30 миллионов лет и оказаться в некоторых областях Азии, вы могли бы наткнуться на индрикотерия, такого как изображенный на иллюстрации на соседней странице. Он больше чем в два раза превосходил ростом современных слонов.

С тех пор как он был открыт палеонтологами, ему давались самые разные имена. Одно время, к примеру, его называли белуджитерием, по названию провинции Белуджистан в Пакистане, в которой он был впервые обнаружен. Сегодняшнее название, индрикотерий, происходит от древнегреческого therium, что значит «зверь», и имени мифического животного из русского фольклора Индрик, считавшегося царем всех зверей. Впервые обнаруженный английским палеонтологом К. Форстером в 1910 году ископаемый индрикотерий был также обнаружен в Монголии и в Китае.

К счастью, было найдено большое количество окаменевших скелетов этого животного, как костей, так и черепов. Если бы обнаружили только череп, ученые могли бы прийти к ложному выводу, решив, что это животное было гораздо меньших размеров, чем в действительности, поскольку голова оказалась невелика по сравнению с остальным телом.

ЧУДОВИЩНОЕ МЛЕКОПИТАЮЩЕЕ

Некоторые ученые даже считают, что индрикотерий был самым крупным наземным млекопитающим, когда-либо существовавшим на нашей планете. (Не забывайте, что динозавры были не млекопитающими, а рептилиями.) Около 5,4 м от плечевого сустава, это животное достигало более 8 м в длину.

По подсчетам ученых, выполненным на основе исследований останков, живой индрикотерий весил как три крупных слона, ни больше ни меньше.

Он имел массивные трехпалые конечности и, несмотря на свой огромный вес и плотное телосложение, вероятно, мог развивать приличную скорость, поскольку обладал длинными стройными ногами.

Живший в небольших стадах, он ощипывал листья и побеги с самых высоких деревьев, точно так же как современный жираф, используя для срезания побегов конические резцы.

Иногда называемый супержирафом вместо носорога, индрикотерий возвышался надо всеми остальными известными животными своей эпохи.

> **КОРОТКИЙ ФАКТ**
>
> Вооруженные рогами носороги, являющиеся родственниками безрогого индрикотерия, возникли гораздо позже, чем это огромное животное.

ВРЕМЯ ОБИТАНИЯ: 30 миллионов лет назад
РАЗМЕР: более 8 м в длину
ВЕС: как 3 слона вместе взятые
ОТКРЫТ: в Пакистане в 1910 году

ДРУГИЕ ДАННЫЕ: травоядное; жило небольшими стадами; трехпалые конечности; длинные стройные ноги; дальний предок современных носорогов, хотя не имел рогов

Литоптерны

Ни одно из живущих сегодня животных не выглядит столь странно, как доисторические литоптерны. Все они были травоядными, и некоторые походили на кроликов, другие — на лошадей, а третьи — на верблюдов. Морды литоптернов, изображенных на этой иллюстрации, действительно очень необычны.

Если бы вы могли отправиться на машине времени назад, в третичный период, когда человекоподобных существ еще и в помине не было, вы, несомненно, были бы сильно удивлены. Динозавры, конечно же, давно вымерли. Но в различных частях планеты Земля еще оставались очень странные существа. И все же, отправившись в подобное путешествие, во встреченных животных вы могли бы обнаружить что-то смутно знакомое, поскольку многие из них имели морфологические признаки, свойственные животным, которые известны нам сегодня.

ВРЕМЯ ОБИТАНИЯ: третичный период
РАЗМЕР: с верблюда
ВЕС: неизвестен, но вероятно, как у верблюда
ОТКРЫТ: в Южной Америке

ДРУГИЕ ДАННЫЕ: травоядные; у некоторых было подобие слоновьего хобота; часть скелета была обнаружена Чарлзом Дарвином; мягкая шкура; длинная шея

В третичный период, к примеру, существовало два типа травоядных, которые обитали лишь в той части света, которую сегодня мы называем Южной Америкой. Одна из этих групп называлась литоптернами, а другая нотоунгулятами.

Макраухения, две особи которой вы видите на иллюстрации слева, относилась к литоптернам. Палеонтологи считают, что они были во многом похожи на верблюдов, за исключением странного вида придатка, напоминающего хобот слона. Он был, без сомнения, очень полезен для сбора листьев с высоких деревьев — их основного источника питания. Возможно, они даже могли набирать в хобот воду и затем разбрызгивать ее.

ВОСХИТИТЕЛЬНАЯ НАХОДКА

Возможность отправиться в прошлое и встретиться с существовавшими тогда животными очень невелика. В конце концов, никто еще не изобрел функционирующую машину времени, поэтому на данный момент это лишь выдумка писателя-фантаста. Однако, когда палеонтологи откапывают останки доисторических животных, они чувствуют такой же восторг, как если бы встретились с ними в прошлом. Вот что испытывал великий английский натуралист Чарлз Дарвин, когда наткнулся на часть скелета литоптерна. В своей книге под названием «Путешествие натуралиста вокруг света на корабле «Бигль» он пишет:

Мир литоптернов

- Никто точно не знает, какого цвета был такой литоптерн, как макраухения, но вероятно, его шкура была мягкой и шелковистой, или даже покрытой шерстью, а не толстой и грубой, как кожа крокодила или слона.

- Существовали, без сомнения, хищники, любившие полакомиться литоптернами, если им выдавалась такая возможность.

КОРОТКИЙ ФАКТ

Чарлз Дарвин нашел и описал останки нескольких необычных доисторических животных во время путешествий, предпринятых им в XIX веке.

«В Порт-Юлиане, в красной грязи, покрывающей гравий на равнине, находящейся на 30 м выше уровня моря, я обнаружил половину скелета макраухении — удивительного четвероногого, в целом виде величиной с верблюда. Он относится к тому же отряду, к пахидерматам, что и носороги, тапир и палеотерий; но строение позвонков его длинной шеи указывает на явное родство с верблюдом, или скорее с гуанако. Поначалу я был очень удивлен тем, что крупное четвероногое смогло так долго просуществовать на широте 49°15'', на этих иссушенных песчаных равнинах со скудной растительностью, но родство макраухении с гуанако, сегодняшним обитателем самых бесплодных территорий, частично объясняет этот феномен».

Какая находка!

Бронтотерий

Не напоминает ли вам что-нибудь двузубый рог, возвышавшийся на конце морды бронтотерия? Он был покрыт кожей и очень походил на рогатку.

Каким массивным животным был бронтотерий! Он был похож на сегодняшних носорогов, только раза в два выше них и потолще.

Огромные количества этих необычных животных когда-то бороздили просторы Северной Америки и Восточной Азии. Только представьте, каково было бы наткнуться на целое стадо этих животных, движущееся в вашем направлении! Однако скорее всего вы не пострадали бы, если бы вели себя спокойно. Эти животные атаковали, лишь когда их вынуждали к нападению. Как и все травоядные, они питались травой и прочей сочной растительностью и потому не имели необходимости охотиться.

Относящиеся к группе бронтотериев, которая возникла в начале эоцена — т. е. примерно 55 миллионов лет назад, гораздо позже, чем вымерли динозавры, — они, в свою очередь, исчезли примерно 40 миллионов лет назад, в середине олигоцена. Затем появились носороги, во многом похожие на тех, которых мы знаем сегодня.

Индийский, яванский и африканский носороги оснащены рогами, но некоторые виды имеют лишь по одному рогу, тогда как другие по два или более, из которых передний всегда крупнее.

НЕОБЫЧНЫЙ РОГ

Но ни один из известных науке ныне живущих представителей семейства носорогов не имеет одного рога, расщепленного на два отростка, подобного тому, каким обладал бронтотерий.

Этот своеобразный вырост, по мнению ученых, использовался в междоусобных стычках между самцами, соперничающими из-за самок. Возможно также, что бронтотерий с самым большим расщепленным рогом возглавлял стадо.

Относящийся к непарнокопытным (т. е. имеющим нечетное число пальцев на конечностях), четвероногий бронтотерий имел по пять пальцев на передних конечностях и лишь по три на задних.

Его глаза были расположены в передней части головы; он имел большие ноздри, которые, без сомнения, обеспечивали хорошее обоняние. Это помогало ему отыскивать среди лугов водоемы, в которых он утолял жажду и освежался.

ПОЛНОЕ ВЫМИРАНИЕ

Ископаемые бронтотерии были обнаружены во многих частях Северной Америки, включая калифорнийскую Долину Смерти, штаты Невада, Небраска, Вайоминг, а также Северная и Южная Дакота, США.

Но почему эти неуклюжие гиганты полностью вымерли? Никто не может дать точный ответ, но наиболее вероятно, что причиной послужило резкое изменение климата, произошедшее примерно 40 миллионов лет назад. Засушливый климат привел к нехватке подходящего корма.

Согласно индейской легенде, когда племя сиу впервые обнаружило останки бронтотерия, оно задействовало свое воображение, чтобы сочинить его историю. Они решили, что это была

ВРЕМЯ ОБИТАНИЯ: 55—40 миллионов лет назад
РАЗМЕР: в два раза выше современных носорогов
ВЕС: в два раза больше, чем у современных носорогов
ОТКРЫТ: в Северной Америке и в Восточной Азии

ДРУГИЕ ДАННЫЕ: травоядное; на носу носило единственный расщепленный рог; древний предок носорога; непарнокопытное; очень толстое; по пять пальцев на передних конечностях, по три на задних

лошадь, которая упала с неба, когда разразилась сильнейшая буря. Они не так уж и ошибались, поскольку ученые установили, что бронтотерий действительно являлся дальним родственником не только носорогов, которых очень напоминал, но также тапиров и лошадей.

КОРОТКИЙ ФАКТ

Некоторые виды носорогов сегодня находятся на грани исчезновения, поскольку их численность постоянно уменьшается; среди них суматранский носорог.

Мезозавр

Типичный представитель мезозавров, мезозавр был небольшим пресмыкающимся, иногда достигавшим в длину лишь 40 см. Он жил в пермский период. Как вы можете видеть на этой иллюстрации, его пасть была оснащена множеством длинных острых зубов. Также имелся длинный хвост, способствовавший передвижению в водной среде.

КОРОТКИЙ ФАКТ

Мезозавры обитали во внутренних морях, где кормились рыбой, но, возможно, выходили на берег, чтобы отложить яйца.

ВРЕМЯ ОБИТАНИЯ: до динозавров, в пермский период
РАЗМЕР: длина 40,6 см
ВЕС: неизвестен, но небольшой
ОТКРЫТ: в Южной Америке, Южной Африке и Антарктике

ДРУГИЕ ДАННЫЕ: пресмыкающееся; обитало во внутренних морях, а не в океанах; многочисленные острые зубы; возможно, выходило на сушу для откладывания яиц и выведения потомства; длинный череп; уплощенный по бокам хвост

Мир мезозавра

- Многочисленные длинные зубы мезозавра, образующие подобие щетки, были идеальны для захвата скользкой рыбы.

- Ученые считают, что мезозавр также мог иметь перепончатые конечности, выполнявшие в воде такую же функцию, как ласты.

Окаменелые скелеты мезозавра обнаружены лишь в Южной Америке, Южной Африке и Антарктике. Замечательно было уже одно то, что отыскалось животное, обитавшее на Земле 280 миллионов лет назад — задолго до динозавров. Но это было еще не все. На основе прочих останков, обнаруженных на сегодняшний день, ученые смогли доказать одну очень важную теорию.

ПЕРЕМЕЩАЮЩИЕСЯ ПЛИТЫ

Когда мы смотрим на современный атлас мира, порой приходит в голову, что все массивы суши могли бы сложиться вместе, как фрагменты гигантской мозаики. Но прежде чем Альфред Вегенер впервые высказал предположение о том, что материки, возможно, разошлись за многие миллионы лет, никто особенно на задавался этим вопросом.

Вегенер был убежден, что очень давно Европа и Африка отдрейфовали от Северной и Южной Америки. Но эта идея сначала не встретила понимания, поскольку никто не знал, чем такое явление могло быть вызвано.

Теперь мы все же знаем ответ. Под океанами наблюдается постоянная активность, и материки перемещаются на огромных кусках земной коры, называемых тектоническими плитами. В пермский период вся суша была единой, образуя один огромный материк, называемый Пангея, что значит «вся Земля». Лишь в триасе и в более позднее время этот сверхматерик начал раскалываться и постепенно разделился на так называемую Лавразию (состоявшую из Северной Америки, Европы и Азии) и Гондвану (состоявшую из Южной Америки, Индии, Африки, Антарктики и Австралии). Затем эти два больших материка постепенно, также в течение миллионов лет, разламывались дальше, пока со временем мир не обрел сегодняшний облик.

Теперь вы, возможно, спросите, какое к этому имеет отношение мезозавр! Так вот, тот факт, что его останки были обнаружены в Африке и в Южной Америке и что он не мог проплыть такое огромное расстояние, хотя прекрасно плавал у себя во внутренних морях, дает дополнительное доказательство тому, что эти два континента когда-то являлись частью одного древнего материка.

Дейногалерикс

Обнаруженный в скалах, датируемых поздним миоценом, на юге Италии, дейногалерикс был древней формой ежа. Но он имел хвост и был скорее волосатым, чем игольчатым.

Возможно, вам доводилось найти милого ежика в саду своего дома или в лесу во время прогулки. Если да, то, вероятно, он свернулся в клубок. Ежи всегда поступают так, когда они напуганы, — это их форма защиты при приближающейся опасности.

Если у вас была такая возможность, вы даже, наверное, предложили ему блюдце молока, если подумали, что он голоден. Но если бы вы жили во времена, когда частью фауны этой планеты являлось ежеобразное создание, изображенное ниже, нашли бы вы его столь же милым?

Считается, что животные, похожие на ежей, жили еще в меловой период среди таких динозавров, как тираннозавр рекс. Но дейногалерикс скорее всего появился гораздо позже.

КОРОТКИЙ ФАКТ

Название дейногалерикс означает «ужасный еж». Но никто не знает, был ли он агрессивнее, чем сегодняшние добродушные ежи.

ВРЕМЯ ОБИТАНИЯ: поздний миоцен
РАЗМЕР: примерно в 5 раз больше, чем современные ежи
ВЕС: примерно в 5 раз больше, чем у современных ежей
ОТКРЫТ: в Южной Италии

ДРУГИЕ ДАННЫЕ: имел покрытое волосами тело; название означает «ужасный еж»; впервые обнаружен в 1973 году; во время его существования Италия представляла собой группу небольших островов

Его окаменевшие останки, впервые обнаруженные в 1973 году, показывают, что это было существо, в несколько раз превосходившее по размерам современного ежа, как по длине, так и по высоте. Вероятно, это животное было размером с небольшую собаку. Вы можете получить представление о его размерах из иллюстрации ниже, где он изображен обнюхивающим доисторического жука. К другим особенностям относятся: длинная узкая мордочка; маленькие заостренные уши; длинный сужающийся хвост; и конечно же, длинные волосы.

Ученые сходятся во мнении, что это было насекомоядное животное, очевидно, питавшееся жуками, стрекозами и кузнечиками; но кроме этого оно могло охотиться на мелких млекопитающих, пресмыкающихся и птиц, а также лакомиться улитками.

В то время современная Италия представляла собой группу мелких островов, и лишь позже большая их часть соединилась с материком. Это особенность фауны островов, что изолированные на них животные вырастают до иных размеров, чем где-либо еще. Таким образом, дейногалерикс, вероятно, жил исключительно на этой территории. Мы не можем ничего утверждать наверняка, если только когда-нибудь его останки не будут открыты в другой части света.

Доисторические долгожители?

Мир доисторических долгожителей

- Для обозначения науки о необычных, неизученных животных используется термин криптозоология, а ученый, работающий в этой области исследований, называется криптозоологом. Эти ученые вынуждены тратить много времени, собирая информацию о предположительных встречах со странными животными.

И сегодня существуют животные — к примеру, черепахи и крокодилы, — предки которых были современниками динозавров. Если эти виды выжили, не могли ли и другие также уцелеть и продолжать свое существование в отдаленных, покрытых водой укромных уголках нашей планеты?

Воды озера Оканаган, провинция Британская Колумбия, Канада, прохладны даже в разгар лета. Но отнюдь не эта прохлада вызвала мурашки на коже отважной пловчихи.

ДАННЫЕ: время от времени появляются сообщения о том, что где-либо видели древних морских чудовищ; в качестве примеров можно привести лохнесское чудовище и канадское Огопого; подобных существ также встречали во многих других местах; обнаружение живого целаканта (латимерии), рыбы, которая прежде считалась вымершей в доисторические времена, придаст убедительности рассказам о гораздо более крупных выживших доисторических животных, но конкретных доказательств не имеется.

Она почувствовала, как ее коснулось длинное мускулистое тело, проплывшее мимо за несколько секунд. Затем она внезапно увидела невдалеке перед собой вздымающиеся над поверхностью воды кольца, каждое 5 м в диаметре, которые волной прошли по глади озера.

Если верить пловчихе, это была реальная встреча с морским обитателем, в течение столетий именуемым местными жителями Огопого. Еще несколько человек видели это существо, и они утверждают, что Огопого серого цвета, имеет змееподобное тело и плавники, как у кита, на конце хвоста. Другие существа, соответствующие данному описанию, были замечены в озерах по всему миру, в таких как озеро Ван в Турции и озеро Икеда в Японии. Японские матери и по сей день не разрешают своим детям купаться в этом озере, так как боятся встречи с существом, которое они зовут Исси.

Некоторые убеждены, что все эти встречи не более чем круги на воде от ветра или прошедших судов; другие считают иначе.

Они утверждают, что это действительно были обнаружены древние существа. По их мнению, они не вымерли полностью много миллионов лет назад. Интересно, что ископаемые останки доисторических обитателей морей действительно имеют большое сходство с описаниями сегодняшних якобы виденных существ. Многочисленные свидетели, якобы встретившие необычных существ в крупных удаленных озерах, привели криптозоологов к мнению, что плезиозавры действительно, возможно, живут и здравствуют.

«Чудовища», обнаруженные в озере Лох Несс, Шотландия, озере Шамплейн на границе Канады и США, а также в озере Хайир в Восточной Сибири, имеют толстое туловище, чрезвычайно длинную шею и маленькую голову. В качестве доказательства того, что эти доисторические морские существа остались в стороне от всеобщего вымирания, происшедшего в конце мелового периода, свидетели указывают на необычайное сходство между ископаемыми останками плавников плезиозавра и конечностями, которые, как они уверяют, они видели у «современных» существ. В их пользу говорит также открытие живой доисторической рыбы, целаканта, или латимерии, которую когда-то изучали лишь по окаменевшим останкам.

> **КОРОТКИЙ ФАКТ**
>
> Регулярно сообщается также, что видели лохнесское чудовище (оз. Лох Несс, Шотландия), и даже были сделаны размытые фотографии.

Вымершие

Большинство птиц, речь о которых пойдет в этом разделе, исчезли с лица Земли сравнительно недавно. Истории их гибели дали нам много полезных уроков.

Скорее всего многие, а может и все птицы, изображенные на этом развороте, окажутся для вас новыми. Это объясняется тем, что они больше не существуют. Поэтому единственное место, где вы впредь сможете видеть их, — музейная коллекция чучел или скелетов. Так почему же столько видов птиц полностью вымерло? Самые первые исчезли вместе с динозаврами. А что произошло с теми, которые вымерли совсем недавно?

ПТИЦЫ

В большинстве случаев, к сожалению, к гибели этих птиц привел человек. За удивительным дронтом, к примеру, жившим на острове Маврикий, охотились ради его мяса. Перелетных голубей убивали по этой же причине, так же как и бескрылую гагарку. А как только тот или иной вид становился редким, оставшиеся особи отлавливались коллекционерами. Тем временем другие птицы уничтожались ради их перьев, которые использовались для украшения или, скажем, для набивания одеял.

Однако многие виды уничтожались фермерами, потому что сами эти птицы были крупными хищниками, нападавшими на домашнюю птицу, ягнят и телят. Гуадалупская каракара, с которой вы встретитесь на страницах 128—129, всегда убивала всякое живое существо меньшее по размеру, чем она сама, даже когда ей с избытком хватало другого корма. Некоторые виды птиц пали жертвой тяжелых заболеваний.

Природные бедствия также иногда играли роль в уничтожении существенного числа особей, отчего численность вида вскоре катастрофически падала. Одни когда-то обитали в огромных количествах в Соединенных Штатах. Родина других — Новая Зеландия, Соломоновы острова, северные острова Атлантического океана и Африка. Все они вымерли.

А теперь переверните следующие страницы и познакомьтесь с несколькими из многочисленных птиц, которые, к великому сожалению, больше не украшают наше небо.

Археоптерикс

Являвшийся, по мнению многих ученых, связующим звеном между динозаврами и птицами, археоптерикс — чье название означает «древнее крыло» — жил в поздний юрский период, т. е. населял нашу планету примерно 155 миллионов лет назад.

Динозавры вымерли примерно 65 миллионов лет назад, в меловой период. Но к тому времени, хотя птерозавры по-прежнему царили в небе, археоптерикс, вероятно, давно уже перестал существовать. Ученые считают, что именно таков был ход событий, поскольку до сегодняшнего дня останки археоптерикса были найдены только в скалах, датируемых юрским периодом, который предшествовал меловому. К тому времени, как с лица земли исчезли динозавры, археоптерикс, видимо, эволюционировал в птиц, более похожих на тех, которых мы знаем сегодня. Без покрытых перьями крыльев археоптерикс, пожалуй, был бы очень похож на небольшого динозавра.

Мир археоптерикса

- По мнению некоторых ученых, изначально у археоптерикса перья могли развиться для защиты от холода, а не специально для полета, но вряд ли мы когда-нибудь получим этому неопровержимое доказательство.

ВРЕМЯ ОБИТАНИЯ: юрский период
РАЗМЕР: 38 см
ОТКРЫТ: в Германии
РАЦИОН: насекомые, черви, ящерицы

ДРУГИЕ ДАННЫЕ: порхал с места на место, вместо того чтобы летать; имел клюв и усеянные зубами челюсти; возможно, является недостающим звеном между динозаврами и птицами

НИКУДА НЕ ГОДНЫЙ ПОЛЕТ

Крылья археоптерикса, однако, более походили на поросшие перьями руки, и потому он, вероятно, более уверенно чувствовал себя, лазая по деревьям или бегая по земле, чем взмывая в небеса. Эта птица не могла летать потому, что у нее отсутствовали сильные мышцы груди, имеющиеся у сегодняшних птиц, а также отсутствовала вилка (грудная кость птиц), помогающая полету.

Когда в известняковом карьере в Германии впервые были обнаружены останки археоптерикса, местный врач, очень заинтересовавшийся этими окаменелостями, стал торговаться с горнорабочими, обнаружившими их, и предложил взамен бесплатное лечение. Затем он попытался продать эти останки за огромную сумму денег. И в конце концов они были куплены лондонским Британским музеем, Англия, вместе с другими многочисленными окаменелостями, собранными за многие годы. Сегодня цена возросла во много раз, поскольку останки археоптерикса по-прежнему являются редкостью.

Также были обнаружены окаменевшие отпечатки перьев. Сначала они были сочтены подделкой, но сегодня доказана их подлинность, и их также можно увидеть в Британском музее естественной истории.

Голова археоптерикса напоминала птичью, но его челюсти были усеяны зубами. (Сегодняшние птицы, конечно же, не имеют зубов! Вместо этого у них имеются различной формы клювы.) Что касается хвоста, то он был длинным и костистым, также совсем не похожим на хвосты современных птиц. Его размер, по мнению ученых, варьировался от размера цыпленка до небольшой индейки. (Не забывайте, что не все динозавры были гигантскими.) Таким образом, в одних отношениях археоптерикс походил на пресмыкающееся, а в других — на птицу.

Возможно, он действительно был связующим звеном.

РЕДКИЕ НАХОДКИ

В любом случае, почему находки останков археоптерикса так редки? По одной из версий причина кроется в том, что, поскольку его кости были очень хрупкими, они легко ломались и полностью разрушались в течение миллионов лет, за исключением нескольких драгоценных экземпляров, которые удалось найти.

Перья археоптерикса были похожи на перья современного голубя. Форма их навела некоторых ученых, не разделяющих предположение, что перья изначально возникли как средство защиты от атмосферных воздействий, на мысль о том, что с самого начала они главным образом служили для полета.

> **КОРОТКИЙ ФАКТ**
>
> Единственная из ныне существующих птиц, имеющая когти на концах крыльев подобно археоптериксу, — это гоацин из Южной Америки.

Синозавроптерикс

Открытие в отдаленном уголке Китая останков существа, которое выглядело, как динозавр, но имело перья, может быть окончательным доказательством того, что динозавры по-прежнему среди нас — только в виде птиц!

Нетрудно представить себе, что быстро бежавший маленький пушистый мегазостродон чувствовал: что-то не так. Внезапно он обнаружил, что находится сбоку длинного хвоста потенциального хищника, который, хотя и был размером с цыпленка, наверняка не стал бы медлить с атакой.

Обладавший острым нюхом, синозавроптерикс уже знал, что приближается добыча. Теперь голодной птицеподобной рептилии оставалось лишь нагнуть короткую мускулистую шею, чтобы несчастный маленький мегазостродон был крепко схвачен ее зубастыми челюстями и проглочен целиком.

То, что синозавроптерикс является древним предком птиц, не должно больше вызывать сомнений, по заявлению ученых, исследовавших его останки, обнаруженные в Сихетуне, на северо-востоке Китая, в 1996 году.

Как и его современные родственники, это животное, возраст которого составляет 120 миллионов лет, имело полые кости; трехпалые направленные вперед конечности; птицеподобный клюв. Но что было самым удивительным, так это его покров из тонких волокон, длина каждого из которых достигала 3,8 см. Эти волокна, по мнению специалистов, были предшественниками перьев. Однако эти волокна лежали параллельно, а не были собраны в бородки, как у маховых крыльев. Возможно, из них в дальнейшем развились перья. Сегодня считается, что перья практически наверняка возникли из чешуи пресмыкающихся.

> **КОРОТКИЙ ФАКТ**
>
> Научное название, данное этой древней птице, означает «первое перо китайского дракона».

ВРЕМЯ ОБИТАНИЯ: юрский период
РАЗМЕР: 51 см
ОТКРЫТ: в Китае
РАЦИОН: черви, насекомые, ящерицы, мелкие млекопитающие

ДРУГИЕ ДАННЫЕ: научное название Sinosauropteryx prima; хрупкое телосложение; древний предок птиц; длинные волокна вместо настоящих перьев; не умел летать

Динозавроподобный

Синозавроптерикс также, видимо, был очень похож на таких легковесных динозавров, как компсогнат.

Наделенные тонкими костями и ногами, приспособленными для быстрого бега, эти существа имеют сходное скелетное строение, особенно в области передних конечностей, плеч и груди. Это открытие также связано с обнаружением в Германии в 1861 году удивительных останков археоптерикса, описанных выше на страницах 102—103.

Дронт

Острова Маврикий и Реюньон, расположенные в Индийском океане, когда-то были местом обитания дронта, или додо, самой удивительной птицы, нелетающей, имевшей огромный клюв. Но эта птица была истреблена человеком и другими животными.

Никто не может со всей уверенностью сказать, как додо получил свое название. Но возможно, что оно произошло от слова, означающего «идиот» — duodu (произносится «дуодо»), — которым эту птицу называли голландские моряки.

Возможно, они считали, что раз эта птица не умела летать, значит, она была глупой. Она не могла и быстро бегать, поскольку ее огромный живот почти волочился по земле. Или же это название может быть связано с криком этой птицы. (Попробуйте произнести «додо» в нос, и у вас получится подобие звука, издаваемого птицей.)

ВРЕМЯ ОБИТАНИЯ: до конца XVII века
РАЗМЕР: 1 м
ОТКРЫТ: на острове Маврикий
РАЦИОН: плоды «дерева додо», т. е. кальварии, и возможно, насекомые

ДРУГИЕ ДАННЫЕ: научное название Raphus cucullatus; фигурирует в книге Льюиса Кэррола «Алиса в Стране Чудес»; необычный клюв; не могла летать

ШИШКОВИДНЫЙ КЛЮВ

Имеется несколько письменных отчетов XVII века (тогда эта птица и вымерла), в которых описывается дронт. Как вы можете видеть на этой иллюстрации, основной особенностью этой птицы был большой шишкообразный клюв — вероятно, основной способ защиты, поскольку она вынуждена была оказывать сопротивление своим врагам, так как не могла улететь. Без сомнения, если бы такая птица клюнула, было бы очень больно.

Глаза дронта были большими и описывались как похожие на бриллианты или даже огромные ягоды крыжовника!

По большей части дронты жили сами по себе и были одиночными птицами до наступления брачного сезона. Тогда они спаривались, чтобы продолжить свой род. По свидетельствам очевидцев, эти птицы были идеальными родителями: и самцы, и самки делали все, чтобы защитить свое потомство.

КОРОТКИЙ ФАКТ

Легенда гласит, что два дронта с острова Реюньон, увезенные на корабле во Францию, действительно роняли слезы при расставании с родным островом.

Перелетный голубь

Полтора века назад примерно десять миллиардов перелетных голубей летало в небе над Северной Америкой, а теперь нет ни одного. Почему же они исчезли?

Остались свидетельства того, что стая перелетных голубей, пролетавшая над головой, выглядела просто восхитительно. Вот что написал американский орнитолог и художник Джон Джеймс Одюбон, увидев такую стаю: «Свет полуденного солнца был заслонен, словно во время затмения».

Завидев территорию, богатую кормом, голуби всей стаей бросались вниз и собирались кругом, образуя подобие крутящегося цилиндра.

В среднем один перелетный голубь, видимо, каждый день потреблял по одному стакану семян, ягод, фруктов, орехов, червей и насекомых; а если их привлекало что-то особенно вкусное, они отрыгивали предыдущую пищу.

Перелетные голуби жили лишь в Соединенных Штатах в самых густонаселенных районах лиственных лесов, от северных границ с Канадой до южных штатов. Где бы ни появлялись эти птицы, они оставляли свои следы, и земля бывала усеяна их пометом. Зачастую также встречались сломанные ветки деревьев, не выдержавшие веса многочисленных птиц.

Для объяснения гибели этого вида было выдвинуто несколько теорий. Некоторые специалисты утверждают, что причиной явилось заболевание, но большинство сегодня сходится во мнении, что вина за их гибель должна быть возложена на человека, который охотился на этих птиц. Пирог с голубятиной, несомненно, когда-то частенько бывал на столе во многих американских домах. Кроме того, с этими птицами жестоко обращались. Иногда их ловили и оставляли в живых лишь для того, чтобы выпускать на праздниках для стрельбы по ним. Последний перелетный голубь, которого хозяйка назвала Мартой, умер в 1914 году с зоопарке города Цинциннати.

Мир перелетного голубя

- Стаи перелетных голубей иногда пролетали с оглушительным шумом и растягивались на 514 км.

ВРЕМЯ ОБИТАНИЯ: до 1914 года
РАЗМЕР: 40 см
ОТКРЫТ: в Северной Америке
РАЦИОН: жёлуди, орехи, фрукты

ДРУГИЕ ДАННЫЕ: научное название Columba migratoria; летали огромными стаями спирального построения; возможно, самые многочисленные из птиц

Шуазёльский голубь

На Шуазёле, одном из Соломоновых островов, расположенных неподалеку от Новой Гвинеи, известный английский натуралист А. С. Мик обнаружил крупного и очень красивого хохлатого голубя. В 1904 году в его честь голубю было дано научное название Microgoura meeki.

КОРОТКИЙ ФАКТ

Последнего хохлатого голубя Мика видели, как предполагают, во время Второй мировой войны; но не имеется никаких доказательств этого.

Если бы не натуралисты, отправленные английским коллекционером Уолтером Ротшильдом в экзотические места, чтобы собрать образцы местной фауны для его выдающейся коллекции, возможно, никто на Западе так никогда и не узнал бы о шуазёльском голубе.

А. С. Мик был одним из этих натуралистов и, должно быть, славился своей храбростью, поскольку путешествия в чрезвычайно отдаленные регионы были чреваты опасностями. Вот как сам он пишет об этом:

«Коренные жители острова Шуазёль не только враждебны к чужеземцам, но и никак не могут быть названы дружелюбными по отношению друг к другу».

На самом деле туземцы были настолько опасны, что вся команда Мика не могла высаживаться на берег одновременно — часть людей оставалась на корабле,

ВРЕМЯ ОБИТАНИЯ: до середины XX века
РАЗМЕР: 30 см в длину
ОТКРЫТ: на острове Шуазёль
РАЦИОН: вероятно, орехи, фрукты и семена

ДРУГИЕ ДАННЫЕ: научное название Microgoura meeki; низкий, вибрирующий крик; красивый хохолок на голове; никогда не был многочисленным видом; возможно, уничтожен кошками

чтобы прийти на помощь в случае необходимости.

Мик нашел останки шести особей и одно яйцо кремового цвета. Но как выглядел сам голубь? У прекрасной птицы была черная головка, оживленная красноватым оттенком, голубой хохолок и пурпурные ноги. Она жила преимущественно в болотистых лесах острова, устраиваясь на ночлег на нижних ветвях деревьев. Лишь изредка вылетавший на открытое пространство, голубь жил преимущественно на земле, и именно это, вероятно, привело к его гибели.

На остров были завезены кошки для истребления чрезвычайно расплодившихся крыс. Но эти кошки также стали охотиться на хохлатого голубя Мика, который отличался замедленной реакцией и потому часто становился жертвой хищниц, как вы можете увидеть на иллюстрации внизу.

Мир Шуазёльского голубя

- Коренные жители острова Шуазёль называют эту красивую низко летающую птицу кукура-ни-луа, что в переводе означает «наземная птица».

- Коренные жители мастерски имитировали вибрирующий крик этой птицы.

Коренные жители острова утверждают, что этот голубь всегда был редкой птицей; но другим фактором, возможно, приведшим к полному исчезновению голубя на острове, стало уничтожение его естественной среды обитания. Оно было вызвано культивацией кокосовой пальмы, плантации которой заняли место болотистых земель, дабы поднять экономику острова. Исследователи надеются обнаружить этого голубя на соседних островах, но пока их поиски не имели успеха.

Гагарка бескрылая

Когда-то миллионы бескрылых гагарок жили в северных водах Атлантического океана и вдоль его берегов. Но последнюю из выживших пар видели в 1844 году. Этот вид постигла печальная участь.

В 1996 году британский писатель Эррол Фуллер, автор замечательной книги о бескрылых гагарках, решил разориться и потратил сбережения, которые откладывал в течение всей жизни, на великолепное чучело этой птицы. Он выкупил его у французского барона, в доме которого это чучело собирало пыль более 150 лет.

Неудивительно, что Фуллер так полюбил этих вымерших птиц! Известные также как чистики, они были такими же симпатичными, как пингвины, но имели большие полосатые клювы; даже их образ жизни был сходным — они также не умели летать. Но было важное отличие. Ведь пингвины живут к югу от экватора, в Антарктике, тогда как бескрылые гагарки были обнаружены только в северном полушарии.

Крылья этой гагарки были маленькими и бесполезными, так как не могли поднять эту птицу в воздух. На суше она могла лишь неуклюже ковылять на своих перепончатых лапах; таким образом, при нападении хищника у нее не было шанса выжить. Но как только эта птица погружалась в воду, она использовала свои крылья как плавники.

Мир бескрылой гагарки

- Останки бескрылой гагарки были найдены в Соединенных Штатах на юге, в штате Флорида. Таким образом, прежде чем ареал этой птицы ограничился северными водами, она, видимо, жила гораздо южнее.

МЕСТА ГНЕЗДОВАНИЙ

Народы крайнего Севера охотились на бескрылых гагарок и жестоко забивали их насмерть в течение столетий, чтобы заполучить их мясо и пух. Есть даже предположение, что именно сезонная миграция бескрылых гагарок к местам гнездований впервые навела викингов на мысль попробовать найти новые берега, отправившись в плавание на запад через Атлантический океан к восточным берегам Северной Америки, примерно тысячу лет назад.

ВРЕМЯ ОБИТАНИЯ: до 1844 года
РАЗМЕР: 76 см
ОТКРЫТ: в северных водах Атлантического океана
РАЦИОН: преимущественно рыба

ДРУГИЕ ДАННЫЕ: научное название Alca impennis, также известна как чистик; была истреблена ради мяса и пуха; огромный клюв; хороший пловец; неуклюжая на суше

Убийство последней из оставшихся в живых пар произошло на небольшом островке Элди около Исландии в 1844 году. Три человека тогда продали их тела исландскому коллекционеру.

Белоклювый дятел

Гигантский американский дятел с клювом цвета слоновой кости был таким сильным и целеустремленным, что, как вы можете видеть на этой иллюстрации, по свидетельству одного орнитолога, был способен прорубить себе путь через цементный потолок, чтобы вырваться из неволи и снова летать на свободе.

ВРЕМЯ ОБИТАНИЯ: до 1972 года
РАЗМЕР: 60 см
ОТКРЫТ: в Северной Америке
РАЦИОН: насекомые, черви

ДРУГИЕ ДАННЫЕ: научное название Camperhilus principalis; вырубка лесов разрушила его среду обитания; красный хохолок на голове; коренные американцы использовали клювы для изготовления корон

Орнитолог Александр Уилсон сообщил, что однажды ранил американского дятла, одного из гигантов среди птиц этого типа. Оставив его поправляться в своем гостиничном номере, по возвращении после кратковременного отсутствия он был потрясен тем, что дятел не только полностью поправился, но и энергично выдалбливал отверстие в верхней части стены. Только что он лежал полумертвый, и вот уже полон жизни и явно предпринимает решительную попытку вырваться на свободу. Если бы Уилсон не застал птицу за этим занятием, по его словам, она, без сомнения, добилась бы своего.

КРАСИВАЯ ПТИЦА

Из исследования, проведенного Национальным Одюбоновским обществом в 1942 году, стало известно, что длина американского белоклювого дятла составляла 50 см и что он получил свое название из-за кремового цвета своего клюва.

Никогда не виденная в больших количествах, это была очень красивая птица с ярким красным хохолком на голове, обитавшая преимущественно в лесистых областях юго-восточных штатов США. Вероятно, именно вырубка этих лесов для распашки земель привела к исчезновению этой птицы.

В конце 1930-х годов, по подсчетам специалистов, в живых оставалось менее 25 особей данного вида. Но их несколько раз видели после этого — даже в 1969 году в штате Флорида.

ДИВНАЯ КОРОНА

Сам дятел вызывал такое восхищение, что стал большой ценностью среди некоторых племен североамериканских индейцев, особенно среди тех, что населяли Канаду.

В XVIII веке в своем труде «Естественная история Каролины» Марк Кэйтсби писал:

«Клювы этих птиц очень ценятся канадскими индейцами, которые изготавливают из них подобие короны для своих вождей и главных воинов».

Вероятно, они обменяли бы один клюв на две или три оленьи шкуры.

Поэтому истребление птиц этими племенами также могло способствовать вымиранию дятла.

Орнитологи также сообщили печальное известие о том, что кубинская разновидность этого дятла тоже, возможно, вымерла. Летящего самца видели в 1968 году, и с тех пор убедительных свидетельств не было. Мы можем лишь надеяться, что особи обоих видов все же остались в живых и решили затаиться на некоторое время.

> **КОРОТКИЙ ФАКТ**
>
> Белоклювый дятел в конце концов стал настолько редким, что в 1972 году был внесен в книгу вымерших видов.

Очковый баклан

Обнаруженный Георгом Вильгельмом Стеллером, выдающимся немецким натуралистом XVIII века, на острове Беринга, очковый, или стеллеров, или палласов, баклан получил это распространенное в зоологии название из-за бросающихся в глаза светлых отметин вокруг глаз. На первый взгляд казалось, что эта птица носит очки!

В 1741 году датский исследователь Витус Беринг поднял паруса на своем корабле «Святой Пётр» и отправился в величайшее путешествие. Целью экспедиции было выяснить, существует ли мост, соединяющий Азию с Северной Америкой. Он успешно достиг берега Аляски и был заслуженно увенчан славой.

ВРЕМЯ ОБИТАНИЯ: до середины XIX века
РАЗМЕР: 96,5 см
ОТКРЫТ: на острове Беринга
РАЦИОН: преимущественно рыба

ДРУГИЕ ДАННЫЕ: научное название Phalacrocorax perspicillatus; изогнутая шея; отметины вокруг глаз, напоминающие очки

Водное пространство, которое пересек «Святой Петр» и сопровождавшее его судно «Святой Павел», было названо именем исследователя и известно сегодня как Берингово море.

Путешествие было полно открытий; но на обратном пути корабли потерпели крушение во время сильнейшего шторма, и команда оказалась на необитаемом острове, который также был назван по имени Беринга.

Среди членов команды оказался Георг Стеллер, совмещавший профессию натуралиста с должностью врача экспедиции. Как ни печально, ему не удалось спасти жизнь Беринга; но он обнаружил на острове несколько удивительных новых видов. Среди них был очковый баклан.

По свидетельству Стеллера, эти птицы обитали на острове в больших количествах. Они были медлительными и плохо летали. Это значило, что их легко можно было поймать. Весившие по 6 кг, запеченные неощипанными в глине, они могли обеспечить сытный и высоко питательный рацион для большого числа людей.

Самки были одного размера с самцами. Однако самкам название этого вида не подходило, поскольку они имели несколько отличную внешность.

КОРОТКИЙ ФАКТ

Помимо очкового баклана немецкий натуралист Георг Стеллер также открыл морскую корову, которая была названа в его честь.

У них не было гребня и толстой кожи, образующей «очки» вокруг глаз.

С годами остров Беринга стали часто посещать китобои и другие охотники на морских животных; для них остров служил перевалочным пунктом, а в дальнейшем был заселен иммигрантами.

Пища для размышлений

По-видимому, они тоже лакомились сочным мясом очкового баклана, поскольку к середине XIX века — спустя всего 100 лет после обнаружения их Стеллером — очковые бакланы (их научное название Phalacrocorax perspicillatus) исчезли с лица Земли.

Позже было обнаружено, что несколько бакланов сумели перебраться на соседний остров. Но и здесь они вскоре были убиты и съедены.

На сегодняшний день от этой птицы осталось лишь несколько чучел. Их можно увидеть в Британском музее естественной истории в Лондоне, а также в музеях в Санкт-Петербурге в России и в Хельсинки в Финляндии.

Мир очкового баклана

- У очкового баклана была необычная S-образная шея, которую он мог выгибать таким образом и притом с чрезвычайной легкостью.

Хохочущая сова

Перед ливневым дождем или когда уже шел дождь, летящие, или новозеландские, совы-хохотуньи внезапно издавали необычные крики, напоминающие хохот и плач.

Хохочущая сова, родиной которой является Новая Зеландия, вымерла в начале XX века. Получившая свое название из-за издаваемых ею звуков, эта птица вылетала днем, только если ее потревожить, и даже тогда производила впечатление очень сонной. Как и большинство сов, она оставалась в своем убежище с полузакрытыми глазами до наступления сумерек.

Хохочущая сова была самой крупной из новозеландских сов, имела огромный клюв и длинные ноги, но крылья ее были слабы, отчего она охотилась на земле. Окраска ее перьев варьировалась. Одни птицы были темнее других, и некоторые натуралисты считают также, что они могли даже менять цвет в соответствии со временем года или на различных этапах своего жизненного цикла. Сова пряталась в расщелинах скал или в пещерах. В основном взрослые особи питались крысами, жуками и мелкими пресмыкающимися; и вымирание этих птиц иногда связывается со снижением популяции крысы маори, которая была завезена на Новую Зеландию полинезийцами за несколько столетий до того, как эта птица исчезла. Но вымиранию совы также могли способствовать другие млекопитающие. На остров были завезены хори и ласки, с тем чтобы сократить огромное количество кроликов, и эти хищники также могли нападать на сову. Последний раз новозеландскую сову видели в 1907 году, практически сто лет назад.

Конкуренция между коллекционерами вымерших птиц иногда была ожесточенной, и часто выкладывались большие деньги. В XIX веке в Великобританию отсылались чучела совы, и за многие из них давали несколько тысяч фунтов стерлингов.

Рассказывается даже история о хитрости, к которой однажды прибег один эксперт, пытаясь провести другого. Известному британскому банкиру и натуралисту Уолтеру Ротшильду был предложен якобы новый вид совы, но тот вскоре понял, что хвост принадлежал совершенно другой сове и что чучело — простая подделка. Ему просто воткнули другой хвост. Никто не знает, где эта подделка сегодня.

Мир хохочущей совы

- Самка совы обычно откладывала два белых яйца каждый год, и оба родителя по очереди высиживали птенцов.

ВРЕМЯ ОБИТАНИЯ: до 1917 года
РАЗМЕР: 48 см
ОТКРЫТ: в Новой Зеландии
РАЦИОН: черви, жуки, крысы и ящерицы

ДРУГИЕ ДАННЫЕ: научное название Sceloglaux albifacies; не выносила дневного света; при полете издавала крик, похожий на смех, отчего и произошло название

Загадочный скворец

Иногда в прошлом интересные образцы редких видов оставлялись на произвол судьбы просто потому, что никто не знал, как их сохранить. Одной из таких птиц был удачно названный загадочный, или буллеров, скворец-аплонис.

Словно бы мало было того, что чучело в коллекции Британского музея естественной истории, получившее прозвище загадочный скворец и научное название Aplonis mavornata, очень плохо содержалось, со временем покрылось пылью и было совсем забыто. Вскоре под действием солнечных лучей оно разрушилось, и все, что осталось из вымершей птицы, — это ее кожа.

Однако до недавнего времени никто не мог точно сказать, откуда она попала к нам.

Долгое время считалось, что она была привезена с одного из островов Тихого океана после третьего путешествия капитана Кука в XVII веке.

Во время этого путешествия заболел и скончался хирург, выполнявший обязанности натуралиста; поэтому оставшейся команде пришлось самостоятельно разбираться со всеми собранными представителями животной и растительной жизни. Никто не был обучен достаточно для того, чтобы сделать это правильно, и, вероятно, не имел никакого представления о том, насколько эти образцы были важны.

Действительно, ни одна птица, считающаяся привезенной в Англию после третьего путешествия Кука, не уцелела — за исключением кожи загадочного скворца.

> **КОРОТКИЙ ФАКТ**
>
> На кожу загадочного скворца, хранившуюся в Британском музее, первым обратил внимание орнитолог Ричард Боудлер Шарп.

Однако в 1986 году в Новой Зеландии была опубликована статья специалиста по вымершим птицам, живущего в Америке. Ее автор изучил ранее неизвестный манускрипт, также хранящийся в Британском музее, в котором, по-видимому, описывается та самая птица.

Манускрипт был написан натуралистом Эндрю Блоксхэмом, который посетил Гавайи в 1824 году, чтобы вернуть тела несчастных короля и королевы Гавай на остров Гонолулу. (Они умерли во время визита в Англию, заразившись корью.)

На обратном пути корабль пристал к островам Кука, и, как зафиксировано в манускрипте, во время этого непродолжительного пребывания там Блоксхэм подстрелил трех птиц, которые показались ему интересными. Одну из них он описывает как голубя, другую как зимородка, а третью как скворца.

Известно, что привезенное им было передано Британскому музею, и на том основании теперь считается, что уцелевшая кожа, возможно, хранилась вовсе не со времен капитана Кука — скорее это то, что осталось от птицы, привезенной Блоксхэмом.

В 1970 году один орнитолог посетил тот самый остров, Мауке, на котором Блоксхэм подстрелил скворца, но не нашел следов этой птицы.

ВРЕМЯ ОБИТАНИЯ: до середины XIX века
РАЗМЕР: 18 см
ОТКРЫТ: на острове Мауке
РАЦИОН: вероятно, фрукты, орехи, семена

ДРУГИЕ ДАННЫЕ: научное название Aplonis mavornata; экспонат Британского музея естественной истории; об этом виде мало известно, отсюда название

Возможно, именно этот выстрел, унесший жизнь редкой птицы, в результате привел к ее вымиранию?

Стоит ли собирать редкие виды таким способом, как вы думаете?

Каролинский попугай

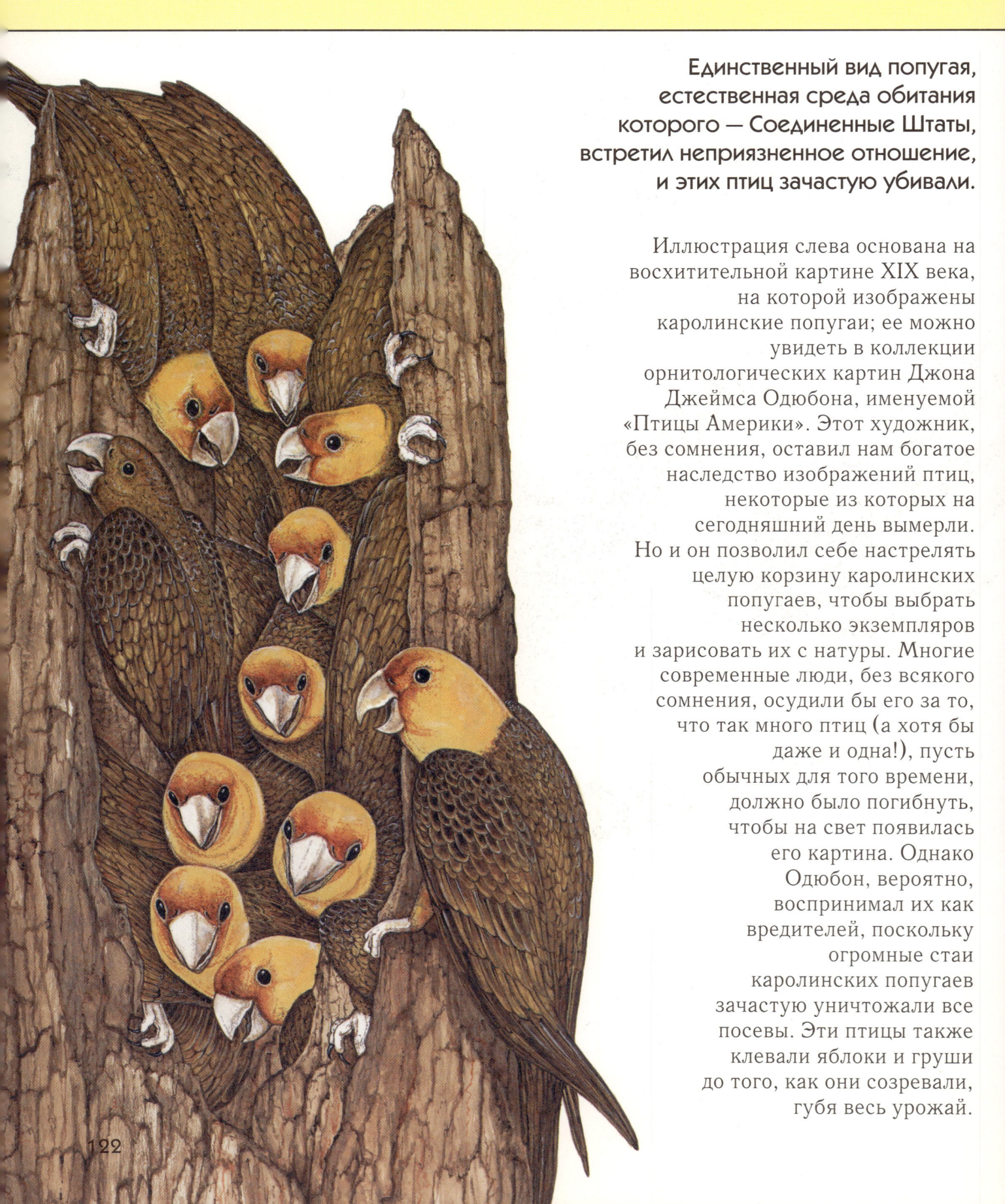

Единственный вид попугая, естественная среда обитания которого — Соединенные Штаты, встретил неприязненное отношение, и этих птиц зачастую убивали.

Иллюстрация слева основана на восхитительной картине XIX века, на которой изображены каролинские попугаи; ее можно увидеть в коллекции орнитологических картин Джона Джеймса Одюбона, именуемой «Птицы Америки». Этот художник, без сомнения, оставил нам богатое наследство изображений птиц, некоторые из которых на сегодняшний день вымерли. Но и он позволил себе настрелять целую корзину каролинских попугаев, чтобы выбрать несколько экземпляров и зарисовать их с натуры. Многие современные люди, без всякого сомнения, осудили бы его за то, что так много птиц (а хотя бы даже и одна!), пусть обычных для того времени, должно было погибнуть, чтобы на свет появилась его картина. Однако Одюбон, вероятно, воспринимал их как вредителей, поскольку огромные стаи каролинских попугаев зачастую уничтожали все посевы. Эти птицы также клевали яблоки и груши до того, как они созревали, губя весь урожай.

ВРЕМЯ ОБИТАНИЯ: до 1918 года
РАЗМЕР: 30 см
ОТКРЫТ: в Северной Америке
РАЦИОН: вероятно, семена, плоды фруктовых деревьев

ДРУГИЕ ДАННЫЕ: научное название Conuropsis carolinensis; ярко-желтая голова; истреблены, так как уничтожали фрукты и посевы

Одюбон даже писал, что иногда они в огромном количестве садились на поля, полностью покрывая их, *«так что глазу казалось, будто красочный ковер был наброшен на землю»*.

Каролинские попугаи обитали главным образом во Флориде, но по некоторым свидетельствам их видели летящими на севере, в штате Нью-Йорк, и даже рядом с североамериканскими Великими озерами.

ВЫМИРАЮЩИЙ ВИД

Каролинские попугаи были впервые классифицированы великим шведским натуралистом Карлом Линнеем в 1758 году и получили научное название Conuropsis carolinensis. Как зачастую бывало с другими недавно вымершими попугаями, сначала поступали заявления, что видели выживших попугаев, но ни в одном случае не было убедительных доказательств.

Но могли ли быть другие причины, кроме истребления этих птиц людьми, повлекшие за собой их полное исчезновение? Ученые считают, что частично это могло быть вызвано уничтожением лесов, являвшихся их основным местом обитания.

ПОСЛЕДНЯЯ ПАРА

Когда-то в американском зоопарке в городе Цинциннати жило несколько каролинских попугаев, но они плохо размножались в неволе и вскоре осталось лишь две особи. Их звали Леди Джейн и Инкас.

Рассказывают, что британское Зоологическое общество так жаждало заполучить эту пару редких птиц, что его администрация предложила за них очень большую сумму денег, но это предложение было отвергнуто. Зоопарк Цинциннати не собирался расставаться с этими птицами.

УТРАЧЕННЫЕ НАВЕКИ

К сожалению, Леди Джейн умерла летом 1917 года, и Инкас, без сомнения, ужасно горевал по ней. Ему больше не с кем было делить клетку, и он тоже умер спустя лишь несколько месяцев. Работники зоопарка уверяют, что причиной был отнюдь не возраст, и не заболевание — просто он не хотел жить без нее. И это неудивительно. Последняя в мире пара каролинских попугаев прожила вместе 32 года.

Мир каролинских попугаев

- Эти попугаи жили стаями и часто устраивались на отдых большими группами, зацепившись за кору деревьев или даже сбиваясь в кучу на пне.

- Кража яиц часто приводила к вымиранию птиц. В 1920-х годах яйца каролинских попугаев выкрадывал куратор Университета штата Флорида.

Красивый попугайчик

В начале минувшего века многие люди любили держать дома певчих птиц, и для этого они тысячами эскпортировались в Европу. Если бы потребность в них не была столь велика, возможно, чудесно певший райский попугай остался бы в живых у себя на родине.

Этот вид австралийских травяных плоскохвостых попугайчиков никогда не являлся многочисленным; но самая последняя пара живых красивых попугайчиков была замечена в штате Квинсленд, Австралия, в 1927 году, спустя примерно 80 лет после того, как они были впервые описаны натуралистом Джоном Гилбертом.

Что за чудесные птицы это были, судя по описаниям того времени! Самцы имели красный лоб, красной была также нижняя часть живота и бедра. Самок же отличал светло-желтый лоб и бледно-голубой живот, иногда с красными вкраплениями.

Они были очень доверчивыми, и потому поймать их было очень легко, что приводило к падению численности диких особей.

Но поведение их было несколько странным. Вместо того чтобы гнездиться на деревьях или на земле, как делает большинство других птиц, самка красивого попугайчика обычно закапывалась в пустующий термитник.

Она усердно трудилась, вырывая в термитнике туннель, который приводил к камере, достаточно просторной для нее самой и трех ее яиц, которые она откладывала после спаривания.

Самец, однако, являлся непрошеным гостем. Самка не пускала его в камеру внутри термитника, и он общался с ней, оставаясь снаружи на термитнике или рядом с ним.

КОРОТКИЙ ФАКТ

Второе слово научного названия красивого попугайчика Psephotus pulcherrimus означает «очень красивый».

ВРЕМЯ ОБИТАНИЯ: до 1927 года
РАЗМЕР: 28 см в длину
ОТКРЫТ: в Австралии
РАЦИОН: преимущественно семена трав

ДРУГИЕ ДАННЫЕ: научное название Psephotus pulcherrimus; очень доверчивый; самки устраивали гнезда в термитниках; когда-то любили кормиться семенами трав

РАЗРАЗИВШЕЕСЯ НЕСЧАСТЬЕ

Но отлов и жизнь в неволе в качестве дорогих игрушек были не единственными проблемами, с которыми пришлось столкнуться этим птицам. Новыми видами растений постепенно засевались все большие и большие территории, прежде бывшие лугами, естественной средой обитания красивых попугайчиков. Это существенно подняло экономику штата, фермеры процветали. Но была и оборотная сторона: эта сельскохозяйственная деятельность стала вредить многим диким животным. Особенно пострадал красивый попугайчик, поскольку ему все с большим трудом приходилось добывать себе корм.

Там, где раньше эти попугаи досыта наедались семенами трав, осторожно балансируя прямо на стебельках, им теперь доставались лишь жалкие крохи.

Но худшее было еще впереди.

Случилась засуха, погубившая растительность, а затем произошло несколько пожаров. Тем временем кошки, собаки и лисы, видимо, лакомились красивыми попугайчиками всякий раз, как выдавалась такая возможность.

В 1918 году в прессе была развернута кампания, целью которой было найти выживших красивых попугайчиков, но единственный ответ пришел лишь спустя четыре года.

Кто-то видел пару!

Этот человек наблюдал за ними несколько месяцев, делая фотографии, чтобы иметь доказательства; но и эти попугаи вскоре исчезли. Веселое пение красивого попугайчика мы больше не услышим, возможно, никогда.

Мамо

Одеяния гавайских вождей обычно украшались перьями, и иногда это были перья очень красивой гавайской цветочницы — мамо — птицы, которой орнитологи впервые дали название в 1789 году.

Одно из самых известных гавайских церемониальных одеяний украшено настолько богато, что, по оценкам специалистов, на него ушли перья не менее 80 000 мамо!

Перед ловцами этих птиц не стояла задача убивать их — они должны были отпускать их после того, как ощиплют перья; но как долго могла протянуть птица, лишившись защитного оперения, неизвестно. По-видимому, они вскоре погибали.

Вероятно, мамо вымерла в самом начале XX века в результате столь интенсивной охоты, но свою роль в гибели этой птицы могло сыграть и изменение ее естественной среды обитания.

Крик мамо, по словам видевших эту птицу, был печальным и жалостливым, а питалась она нектаром и мелкими насекомыми. Один коллекционер, поймавший мамо в силок, чтобы отвезти в Англию для своей коллекции, так описал ее:

«Она красавица и охотно принимает сахар и воду; сидит в палатке на палочке».

Взрослые мамо достигали в длину 20 см и были глянцево-черными. Однако часть их оперения была ярко-желтой. Их клювы, как у большинства любителей нектара, были длинными и сильно изогнутыми, что позволяло мамо погружать клюв в цветки и хватать на лету насекомых.

ВРЕМЯ ОБИТАНИЯ: до конца XIX века
РАЗМЕР: 20 см
ОТКРЫТ: на Гавайях
РАЦИОН: преимущественно нектар и насекомые

ДРУГИЕ ДАННЫЕ: научное название Drepanis pacificus; печальное пение; красивое оперение; длинный изогнутый клюв; прозван «королевской птицей» вождями гавайских племен

В 1898 году одному коллекционеру удалось обнаружить в гавайских лесах небольшую группу мамо, и он выстрелил в одну из них. Сначала она сорвалась с ветки, но пришла в себя до того, как упала на землю, и перелетела на другую сторону дерева, на котором сидела. Здесь к ней присоединилась другая птица, возможно, кто-то из родителей или друг. К счастью для этой птицы, она, по-видимому, не была серьезно ранена, поскольку пара исчезла, и коллекционер решил, что они улетели. Шум его выстрела, должно быть, спугнул остальных птиц из этой группы, поскольку они также скрылись. Ни одну из них с тех пор не видели.

КОРОТКИЙ ФАКТ

Менее блестящий вид мамо, известный как черная мамо, также обитал на Гавайях, но теперь также считается вымершим.

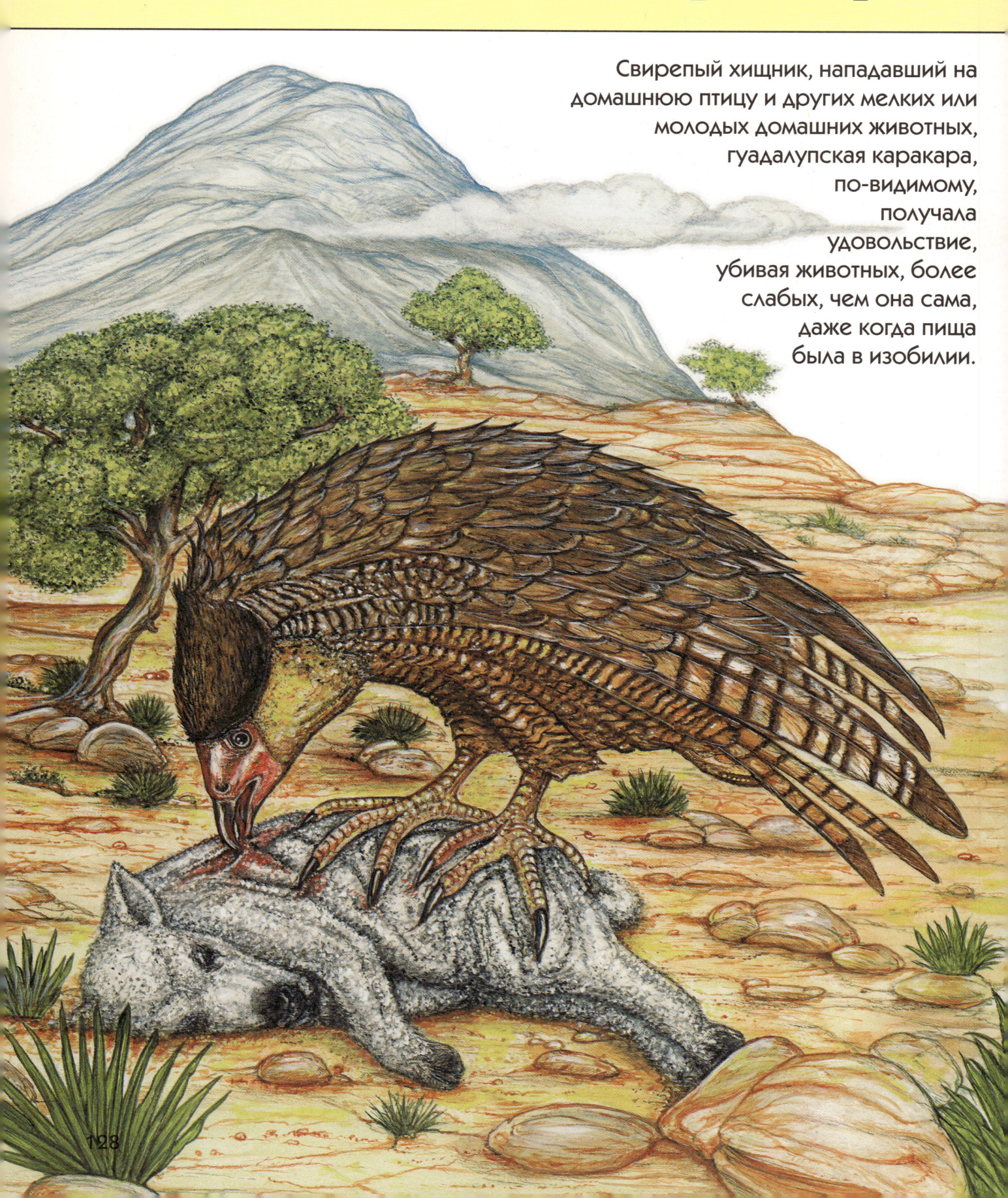

Гуадалупская каракара

Свирепый хищник, нападавший на домашнюю птицу и других мелких или молодых домашних животных, гуадалупская каракара, по-видимому, получала удовольствие, убивая животных, более слабых, чем она сама, даже когда пища была в изобилии.

ВРЕМЯ ОБИТАНИЯ: до конца XIX века
РАЗМЕР: 56 см
ОТКРЫТ: на острове Гуадалупе
РАЦИОН: преимущественно моллюски и насекомые

ДРУГИЕ ДАННЫЕ: научное название Polyborus lutosus; нападала на домашнюю птицу и козлят; любила убивать; гнездилась в скалах; издавала звуки только при нападении

Мир каракары

- Гуаделупская каракара безжалостно убивала своего сородича, если он заболевал или ослабевал.

- Гуаделупская каракара походила на обыкновенную каракару, живущую на материке, в Калифорнии, но была гораздо свирепее.

Должно быть, это было ужасное зрелище, когда каракара с острова Гуадалупе разрывала свою добычу на части. При возможности она даже вырывала у жертвы язык, пытаясь обездвижить ее.

Среди ее излюбленных объектов нападения были козлята. Писатель XIX века, много раз видевший, как каракара нападает на этих новорожденных животных, описал увиденное как страшное зрелище. Вот что он написал в 1876 году:

«Ни один детеныш не огражден от их нападения. Если рождается сразу несколько, птицы объединяют свои силы и с сильнейшим шумом и хлопаньем крыльев отделяют самого слабого от остальных и затем расправляются с ним. Эти птицы жестоки до невозможного, и на мучения, которым иногда подвергаются беззащитные животные, больно смотреть».

Эти птицы также кормились моллюсками, насекомыми и червями, а также охотились на цыплят и мелких грызунов. Известно, что они зачастую питались падалью. Гнездились они в скалах и откладывали яйца в развилках деревьев.

Гуадалупская каракара кода-то населяла весь остров Гуадалупе, расположенный на некотором расстоянии от берега Калифорнии. (Заметьте, пожалуйста, что это не остров Гваделупа, относящийся к Антильским островам, хотя названия обоих произносятся почти одинаково.)

ЛЕГКАЯ ДОБЫЧА

Но в 1889 году гуадалупская каракара, по всей видимости, исчезла с острова. Многие особи, вероятно, были застрелены людьми, которые пытались защитить свой скот от этих жестоких тварей. По всем свидетельствам, гуадалупская каракара сама становилась легкой добычей для жителей острова, поскольку на знала страха и продолжала преследовать свою добычу, несмотря на звуки выстрелов и смерть птиц-сородичей. Находясь перед лицом опасности, бесстрашная каракара, по словам одного очевидца, *«подняла свой гребень и с вызывающим видом спокойно ждала смерти».*

Но жители в конце концов покинули остров, и точно неизвестно, почему в скором времени гуаделупская каракара полностью вымерла.

Моа

Интересно, что останки Моа, или динорнис, огромной нелетающей птицы, были найдены только на островах, входящих в состав Новой Зеландии.

Некоторые моа были такими же громадными, как сегодняшние взрослые жирафы — до 3,6 м в высоту. Таким образом, они были гораздо выше человека. Их ноги были длинными и стройными, шеи — змееподобными, а заостренные клювы — не прямыми, а загнутыми вниз.

Но несмотря на то, что они очень напоминали стремительных страусов, моа, вероятно, были не столь атлетичны, и возможно даже, довольно медлительны.

КОРОТКИЙ ФАКТ

Не умевшие летать, моа, должно быть, гнездились на земле, и известно, что они откладывали яйца размером в четыре раза больше куриных.

РАЗНОЦВЕТНЫЕ СОЗДАНИЯ

Согласно описаниям народа маори, коренных жителей Новой Зеландии, многие моа имели ярко окрашенные шеи и гребень на голове. Действительно, на некоторых останках на черепах виден участок, где мог расти гребень. Возможно, эти гребни были отличительными признаками у определенных типов моа, или же так различались самцы и самки моа.

Моа были преимущественно травоядными, также поедавшими попадавшихся насекомых. Их мощные когти, должно быть, идеально подходили для выкапывания съедобных корней, а их острые клювы хорошо хватали личинок, а также срезали листья и молодые побеги.

ВРЕМЯ ОБИТАНИЯ: вероятно, до 1600 года
РАЗМЕР: до 3,6 м
ОТКРЫТ: в Новой Зеландии
РАЦИОН: корни, побеги, личинки насекомых, насекомые

ДРУГИЕ ДАННЫЕ: научное название Dinornis torosus; нелетающая птица; яркое оперение; крупные яйца; похожа на страуса; длинные стройные ноги

Украшенный гриф

Некоторые заявляют, что американский украшенный, или священный, гриф никогда не существовал. Но один натуралист, посетивший Флориду, подробно описал эту птицу, прежде чем она вымерла в 1800 году.

Столетия назад некоторые племена североамериканских индейцев украшали свои трубки мира роскошными маховыми перьями птицы, которую называли королем птиц.

Эти перья принадлежали редкому грифу, впервые описанному для европейцев в XVIII веке американским натуралистом Уильямом Бартрамом.

Он наткнулся на этих грифов в штате Флорида, путешествуя по реке Сент-Джонс, и описал свое открытие в одном из томов «Путешествий».

По-видимому, эта птица была меньших размеров, чем всем известный черный гриф, и была не столь искусной в полете. Он описал ее так:

«Красивая птица, размером примерно с грифа-индейку; оперение преимущественно белого или кремового цвета, за исключением маховых перьев крыльев, окрашенных в темно-коричневый».

Бартрам пишет, что хвост птицы большой и белый за исключением коричневых или черных кончиков, а глаза имеют золотистую радужную оболочку вокруг черных, как уголь, зрачков.

Этот тип грифа имел также голую морщинистую кожу на шее желтого или кораллового цвета. Клюв был длинным и прямым, но затем внезапно загибался вниз ближе к концу.

ЦВЕТНЫЕ БРЫЗГИ

В 1936 году были обнаружены оригинальные рукописи Бартрама, которые подтверждают то, что было опубликовано в его «Путешествиях».

Он отметил также, что голова грифа местами была красноватого оттенка и что живот у этой птицы отвисал, словно это был мешок или карман. Однако, когда он был наполнен, он очень заметно выпирал. Клюв был желтого цвета, а ноги белого, пишет он. Именно эти цветовые пятна навели ученого на мысль назвать этот вид «украшенным».

Бартрам записал также, что когда во Флориде устраивались пожары в сельскохозяйственных целях, священные грифы взлетали большими стаями и опускались на выжженную землю. Здесь они клевали многочисленных животных, погибших в огне и дыму.

Однако, по мнению некоторых, этот гриф — не более чем легенда.

> **КОРОТКИЙ ФАКТ**
>
> Некоторые специалисты уверены, что суровые холода погубили этот редкий теплолюбивый вид грифа.

ВРЕМЯ ОБИТАНИЯ: до 1800 года
РАЗМЕР: 65 см
ОТКРЫТ: в Северной Америке
РАЦИОН: лягушки, ящерицы, пресмыкающиеся

ДРУГИЕ ДАННЫЕ: научное название Sarcoramphus sacra; кремовое оперение; длинный клюв; лысая шея; красная корона на голове; по мнению некоторых специалистов, всего лишь мифическая птица

Эпиорнис

Каким ужасающим, должно быть, был вид 3-метровой нелетающей птицы для первобытных людей! Одно время считалось, что она вымерла тысячи лет назад, но сегодня стало известно — благодаря углеродному анализу, — что ей, видимо, удалось дожить до XVIII века на острове Мадагаскар неподалеку от берега Африки.

Первым эту птицу описал Марко Поло, известный исследователь XIII века. По дошедшим до него сведениям, она была похожа на крылатого дракона и имела огненные глаза.

ВРЕМЯ ОБИТАНИЯ: до середины XVIII века
РАЗМЕР: 3 м
ОТКРЫТ: на Мадагаскаре
РАЦИОН: листья и другая растительность

ДРУГИЕ ДАННЫЕ: научное название Aepyornis maximus; огромные яйца; возможно, была истреблена человеком; массивное тело; персонаж многих легенд

Согласно Марко Поло, эта птица была грифоном, или слоновой птицей, но островитяне называли ее «рукх». Судя по тому, что он слышал, она была способна схватить своими когтями взрослого слона и поднять его в воздух. Как вы можете прочесть в отчете Марко Поло о его путешествиях:

«Грифоны достаточно крупные и сильные, чтобы унести слона и сбросить его на землю с такой высоты, что он разобьется вдребезги. Когда слон упадет, грифон устремляется вниз и пожирает его мясо. Те, кто видел этих птиц, говорят, что размах их крыльев достигает 23 м, а перья, как минимум, 9 м в длину».

Но сегодня ученые сходятся во мнении, что слоновая птица не умела летать. Более того, на Мадагаскаре никогда не было слонов. Так что Марко Поло, должно быть, был введен в заблуждение относительно поведения слоновых птиц или же, возможно, просто процитировал легенды, услышанные в этой местности. К примеру, рукх из сказок «Тысяча и одна ночь», как утверждается, был достаточно сильным для таких удивительных подвигов.

Многие палеонтологи уверены, что слоновая птица (известная под научным названием эпиорнис) и другие покрытые перьями, но нелетающие существа произошли от одного предка.

> **КОРОТКИЙ ФАКТ**
>
> По имеющимся на сегодняшний день научным данным, эпиорнис, также называемый слоновой птицей, был самой большой птицей, когда-либо обитавшей на планете Земля.

Миллионы лет назад, когда вся суша представляла собой один гигантский материк, возможно, существовал лишь один вид гигантской птицы. Но когда образовалось несколько материков, вероятно, группы этих птиц оказались изолированы и дальше эволюционировали независимо друг от друга в несколько разных видов, таких как новозеландская моа (теперь вымершая) или южноафриканский страус.

Никто никогда не находил полный скелет слоновой птицы, но сохранилось в нетронутом виде много ее костей, а также были обнаружены ее окаменевшие яйца. Эти яйца крупнее, чем голова взрослого человека — более 0,6 м в длину — и относятся к столь далекой от нас эпохе, как плейстоцен. Одного такого яйца, пожалуй, хватило бы, чтобы приготовить омлет для 25 человек или даже больше!

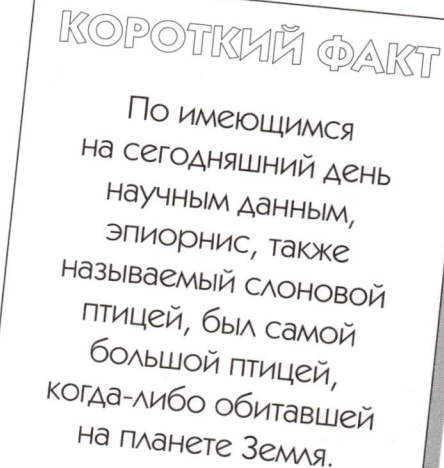

ГОРЬКАЯ КОНЧИНА

Почему же все-таки эта нелетающая птица вымерла? Никто не может ответить на этот вопрос со всей уверенностью. Однако хотя на стоянках первобытных людей не было обнаружено останков этой птицы, отчетливые отметины, по-видимому, оставленные изготовленными человеком орудиями, найдены на ее ископаемых костях. Таким образом, возможно, эти отметины являются доказательством того, что люди употребляли в пищу ее мясо. Может, они также выкрадывали ее яйца, чтобы полакомиться и ими.

Тетерев вересковый

Вересковый тетерев, ныне вымерший, когда-то был настолько привычным блюдом на столах жителей Северной Америки, что иногда подавался по три раза на неделе.

Миллионы вересковых тетеревов когда-то гуляли по равнинам Новой Англии, но как только первые поселенцы стали отстреливать их, популяция резко снизилась. Эти птицы также были уязвимы для кошек и собак, и даже крупных крыс, так как жили на земле.

Большой ястреб и другие хищные птицы тоже нападали на них, камнем кидаясь вниз и унося свою добычу. Вересковые тетерева отличались замедленной реакцией, и им редко удавалось избежать когтей этих прожорливых хищников.

Человек также являлся прямым и косвенным виновником их вымирания. Эмигранты завезли с собой новые типы домашней птицы, а вместе с ними и тяжелые инфекционные заболевания, губившие огромные количества тетеревов.

Тем временем естественная среда обитания вересковых тетеревов постепенно исчезала из-за распашки земель. В конце XVIII века была предпринята попытка провести закон, запрещающий убивать тетеревов в больших количествах, но мало кто повиновался этому закону.

Когда вересковые тетерева в конце концов исчезли с материка, примерно 200 особей осталось на острове Мартас-Винъярд в штате Массачусетс. Здесь, однако, их численность также начала уменьшаться, пока не был организован заповедник. Однако к 1896 году количество вересковых тетеревов на острове снизилось до 100, а через несколько лет сократилось еще вдвое.

Попытка сохранить вид

Тогда несколько человек, исполненных решимости, решили организовать на острове Мартас-Винъярд заповедник площадью 648 га, чтобы спасти оставшихся тетеревов; в результате всего через семь лет популяция этих птиц увеличилась в 50 раз! В заповеднике даже работали специальные охранники, в чьи обязанности входило следить за благополучием тетеревов и бороться с браконьерами.

В это время, однако, происходили значительные климатические изменения. Лесные пожары быстро уничтожили места гнездований вересковых тетеревов, и они сильно пострадали в крайне суровую зиму. Записи показывают, что к 1927 году в живых на острове осталось лишь 13 тетеревов, а к 1928 году лишь два. Последний едва избежал участи быть раздавленным машинами, водители которых не заметили, что он ковыляет через дорогу, и в конце концов умер в 1932 году.

> **КОРОТКИЙ ФАКТ**
>
> Некоторые вересковые тетерева заразились болезнью домашних птиц, называемой инфекционным энтерогепатитом, и популяция резко снизилась.

ВРЕМЯ ОБИТАНИЯ: до 1932 года
РАЗМЕР: размером с курицу
ОТКРЫТ: в Северной Америке
РАЦИОН: преимущественно семена и любой другой попавшийся корм

ДРУГИЕ ДАННЫЕ: научное название Tympanuchus cupido; лесные пожары уничтожили места гнездований; замедленная реакция

Мир верескового тетерева

- Вересковый тетерев являлся близким родственником похожей птицы, степного, или лугового, тетерева, которая и по сей день обитает в Северной Америке.

- У верескового тетерева был очень маленький мозг, и он не отличался особой сообразительностью.

- Мясо верескового тетерева было очень вкусным, и все же люди быстро пресыщались им, так оно было доступно и так часто подавалось к обеду.

Другие безвозвратно

Чтобы узнать о вымершем козле размером с маленькую собаку, об антилопе, у которой была голубая шерсть, и еще многое другое, обратитесь к этому разделу книги.

На следующих страницах вы найдете самых необычных животных, от сицилийского карликового слона, южноафриканской квагги с частично полосатой шкурой, тасманийского сумчатого волка, фолклендской лисицы и рогатой черепахи до североамериканского гигантского бобра. Большинство, если не все, из них будут вам незнакомы, поскольку, как и всех животных и птиц, описанных в оставшейся части этой книги, их больше нельзя увидеть в природе, хотя у некоторых из них остались родственники, похожие на них в некоторых отношениях.

СТРАШНЫЕ ИСТОРИИ

От историй исчезновения каждого из них невозможно оторваться, но для любителей природы они иногда равносильны страшным историям. Почему столько братьев наших меньших видели от нас лишь жестокость?

утраченные животные

Разве потеряли бы мы карибского тюленя-монаха, если бы люди не были столь жадными до его кожи и мяса? А разве нельзя было бы спасти карибу, восхитительного канадского оленя, будь мы чуточку более дальновидными? Не могли бы мы вырвать лист из Ноевой книги и спасти некоторых из этих животных, когда всевозможные несчастья обрушивались на них?

Одним из замечательнейших свойств жизни на Земле всегда было разнообразие видов. Трудно поверить в то, что может быть столько разных существ, и нам остается лишь восхищаться этим. Однако консервационисты (защитники природы), выявляющие виды животных, численность которых резко снижается, утверждают, что пугающе огромное число видов продолжает полностью исчезать с лица Земли каждый год. Очевидно, нам еще предстоит многому научиться на примере гибели животных в прошлом.

Тилацин

Что за поразительное создание представлял собой тилацин, или сумчатый (тасманийский) волк! Его шкура напоминала шкуру тигра, однако в одном отношении он походил на кенгуру.

Представьте себе сцену: поджарый зверь мечется в клетке, а зеваки глазеют на него. Возможно, он чувствовал, что был последним в своем роде. Тилацин (тасманийский волк, также иногда именуемый тасманским тигром) определенно был похож на тигра со всеми его полосами, но это было плотоядное сумчатое — самое большое в своем роде — с огромной сумкой, в которой могло поместиться до четырех детенышей.

ВОЗНАГРАЖДЕНИЕ ЗА УБИЙСТВО

Последний тилацин в мире умер в клетке в Бомэрисском зоопарке города Хобарт, Тасмания, в сентябре 1936 года. Когда-то бывшие привычными обитателями Австралии и Новой Гвинеи, эти животные не смогли противостоять нападавшим на них динго (диким собакам). Те же из них, родиной которых являлась Тасмания, охотились на овец, в результате чего тасманское правительство установило фермерам щедрое вознаграждение за каждого убитого тилацина.

С 1936 года поступило несколько заявлений о том, что кто-то видел дикого тасманского тигра, но эти заявления не подтвердились. Это необычное животное, видимо, стало еще одним утраченным нами видом.

ВРЕМЯ ОБИТАНИЯ: до 1936 года
РАЗМЕР: 1,8 м в длину
АРЕАЛ: Австралия, Тасмания и Новая Гвинея
РАЦИОН: хищник

ДРУГИЕ ДАННЫЕ: открывающаяся назад сумка, как у опоссума, следовательно, относился к сумчатым; научное название Thylacinus cynocephalus

Квагга

В 1878 году мир оплакал самую последнюю кваггу, которая была убита. В лондонском зоопарке когда-то содержались две особи, но они не размножались в неволе.

Грустно думать, что никто больше не услышит крика живой квагги. К сожалению, она вымерла раньше, чем человечество научилось записывать звук. Но у ученых имеется достаточно надежное указание, на что он был похож, поскольку название этого животного, насколько известно, произошло именно от издаваемого им крика.

Первые голландские поселенцы, достигшие той части Африки, где обитала квагга, сначала назвали это животное quahah (произносится «куаха»), имитируя звук, который оно издавало, чтобы общаться с сородичами.

Лишь позже это название превратилось в «квагга».

Попробуйте громко произнести «куаха». Теперь повторите этот звук несколько раз, сделав его гортанным, и вам, возможно, удастся сымитировать кваггу!

Если бы вы взглянули на кваггу спереди, вы могли бы принять ее за зебру. Ведь она имела такую же форму тела и казалась полосатой. Но посмотрев на нее сбоку, вы изменили бы свое мнение. На передних ногах полосы внезапно сливались.

КОРОТКИЙ ФАКТ

Южноафриканские поселенцы охотились на квагг из-за их шкур, которые были прочными, но легкими и считались идеальными для изготовления бурдюков.

ВРЕМЯ ОБИТАНИЯ: до 1878 года
РАЗМЕР: высотой с зебру
АРЕАЛ: ЮАР
РАЦИОН: растительность

ДРУГИЕ ДАННЫЕ: на нее охотились из-за ее шкуры; нападали шакалы; была приручена для охраны скота; научное название Equus quagga

Первые южноафриканские поселенцы нуждались в защите для своего рогатого скота, так как всегда существовала опасность нападения всевозможных диких хищников — к примеру, шакалов, набрасывавшихся на овец, коров и кур.

Многие фермеры даже преуспели в дрессировке квагг, выучив их охранять стада, подобно сторожевым собакам. Обладавшие тонким слухом, квагги не только поднимали громкий крик при приближении любых хищников или воров, но также яростно защищали стадо. Это их не спасло.

Голубая антилопа

Считается, что самую последнюю голубую антилопу видели в ЮАР примерно в 1800 году. Как говорят, в определенные периоды ее шкура обретала удивительный серо-голубой оттенок, откуда и произошло ее название; по мнению некоторых специалистов, она была близкой родственницей черной и чалой лошадиных антилоп.

Внимательно посмотрите на иллюстрацию на этой странице. Не напоминает ли вам это животное какое-нибудь другое? Да, некоторые специалисты утверждают, что голубая антилопа имела небольшую бороду и рога, совсем как козел.

Голубая антилопа, на которую охотились преимущественно из-за ее шкуры, была впервые описана в 1731 году. В то время она уже была редкой, а спустя всего 69 лет вымерла. Известная также как голубой козел или «блааувбок» (ее название на африкаансе), голубая антилопа во многих отношениях остается загадкой для ученых.

ВРЕМЯ ОБИТАНИЯ: до 1800 года
РАЗМЕР: с оленя
АРЕАЛ: луга Капской провинции, ЮАР
РАЦИОН: растительность

ДРУГИЕ ДАННЫЕ: ее мясом кормили собак; научное название Hippotragus leucophaeus

ВСЕ ОТТЕНКИ ПУТАНИЦЫ

У пресмыкающихся и птиц какая-нибудь часть тела иногда окрашена в голубой цвет или только в оттенок этого цвета; но трудно представить себе млекопитающее, которое было бы целиком голубым.

По одной теории, однако, голубоватый цвет появлялся у особей этой антилопы лишь в преклонном возрасте. По мере того как их шерсть постепенно истончалась, начинала просвечивать кожа под ней.

Считается, что голубая антилопа была мельче, чем черная и чалая лошадиные антилопы, и, кроме того, легче.

Населяла голубая антилопа преимущественно очень влажные территории, что привело ученых к выводу, что ей необходимо было пить через регулярные промежутки времени. В этом, так же как черная и чалая лошадиные антилопы, она отличалась от других типов антилоп, способных извлекать влагу из потребляемых растений.

Одно время, поскольку сообщения о внешности этой редкой голубой антилопы в деталях противоречили друг другу, некоторые ученые предполагали, что, возможно, она вовсе не была отдельным видом, а лишь разновидностью чалой или черной лошадиной антилопы. Видимо, сообщения, в которых описывалось ее физиологическое строение, были неточными.

Однако, судя по останкам, между этими видами антилоп все же существовало несколько отличий, кроме цвета и размера. Предкоренные зубы голубой антилопы, к примеру, были определенно длиннее, чем эти же зубы у черной антилопы. Рога же ее были скорее как у черной антилопы, нежели у чалой.

Длинные предкоренные зубы обычно встречаются у животных, питающихся в больших количествах травой, следовательно, голубая антилопа питалась преимущественно так, лишь иногда пережевывая широкие листья.

Сегодня, к сожалению, и чалая, и черная лошадиные антилопы находятся под угрозой исчезновения. Консервационисты надеются, однако, успеть спасти их.

КОРОТКИЙ ФАКТ

Голубая антилопа быстро истреблялась охотниками; но ее мясо люди не использовали в пищу — это был корм для собак.

Сирийский кулан

Наскальные рисунки, на которых изображен пойманный сирийский кулан, датируются еще 650 годом до н. э. Для употребления в пищу преимущественно убивали молодняк, пока самое последнее из этих животных не погибло в 1927 году.

Известное также как онагр, или сирийский дикий осел, это животное, изображенное справа, населяло гораздо более обширную территорию, чем Сирия, вопреки своему названию, и когда-то жило в Палестине, Саудовской Аравии, Ираке и за их пределами. Здесь в течение, как минимум, двух тысячелетий на него охотился человек, но ему удавалось выживать благодаря скорости, с которой оно могло убегать от хищника в человечьем облике. Кроме того, оно было очень хорошо приспособлено к жизни в пустыне.

Сирийский кулан был очень маленьким, достигая лишь 90 см в высоту, и весил довольно немного. По этой причине его никогда не использовали для перевозки грузов.

Иногда бедуины забивали молодняк онагра, затем устраивая пиршество.

Когда на Среднем Востоке появились ружья и автомобили, охота на сирийского онагра стала совсем легкой и достигла своего апогея во время Первой мировой войны (1914—1918).

> **КОРОТКИЙ ФАКТ**
>
> В XVI веке некоторые кочевники Средней Азии успешно приручали некоторых сирийских диких ослиц и доили их.

Выжившие родственники

На сегодняшний день еще сохранились другие типы осла, пока не вымершие, но находящиеся под угрозой исчезновения. Одним из них является азиатский дикий осел, обитающий в Монголии. Персидский дикий осел сегодня обитает лишь на небольшой территории в Иране, а также в России, где специально для него был организован заповедник. Индийский и тибетский (известный как кианг, или тибетский кулан) виды дикого осла также малочисленны.

Имеется два типа африканских диких ослов. Сомалийский обитает в Эфиопии, в провинции Эритрея и на севере Сомали, где постоянные войны и политические перевороты приводят к постоянному снижению численности этих животных.

Нубийский осел, являющийся вторым африканским видом, тоже встречается редко и обитает на небольшой территории Судана и Эритреи. Однако никто не может уверенно сказать, являются ли эти выжившие животные представителями действительно дикого вида. Они могут оказаться одомашненными ослами, которым удалось убежать или которых отпустили на волю, увезя в отдаленные области.

Время от времени поступают также сообщения о том, что в Саудовской Аравии или в Омане был замечен онагр; но велика вероятность, что эти сообщения неточны и что виденные ослы также являются одичавшими домашними животными.

ВРЕМЯ ОБИТАНИЯ: до 1927 года
РАЗМЕР: рост 0,9 м
АРЕАЛ: пустынные территории Сирии, Палестины, Саудовской Аравии и т. д.
РАЦИОН: растительность

ДРУГИЕ ДАННЫЕ: забивался для употребления в пищу; нестадное животное; также известен под названием онагр, или дикий осел; научное название Equus hemionus hemippus

Кенгуру Грея

Справа: сцена начала XX века, место действия — австралийский малонаселенный район. Кенгуру Грея застыл на месте перед пятью свирепыми собаками. Читайте дальше, чтобы узнать, что произошло потом.

Собаки начали злобно лаять; но по какой-то необъяснимой причине кенгуру не бросился прочь, а уставился на собак, словно поддразнивая их. Он стоял как вкопанный несколько секунд, а затем внезапно развернулся и стремительно поскакал прочь. Со скоростью молнии.

Однако в подобной ситуации каждая секунда на счету, и этот кенгуру просчитался. Его реакция быстра, но и собаки не стали медлить, к тому же они тренированные преследователи. Вскоре они нагоняют его и опрокидывают несчастное сумчатое навзничь.

Владельцы собак теперь заполучат шкуру этого кенгуру и вдоволь наедятся его мясом.

Кенгуру Грея имел длинный хвост, почти равный длине остального тела. Известный быстротой своих ног, он зачастую шел на риск, ожидая до последнего момента, прежде чем с огромной скоростью броситься прочь от опасности, как было описано выше.

ОПАСНАЯ ТАКТИКА

Эта особенность, несомненно, способствовала гибели кенгуру Грея. Это было решающее время даже для такого быстроногого животного, как кенгуру, если он хотел остаться в живых.

Другим фактором, несомненно, сыгравшим свою роль в вымирании этого вида, была его любовь к открытым пространствам. Это означало, что ему негде было укрыться в случае опасности.

Общепризнанный факт, что кенгуру Грея вымер. Но другой вид кенгуру, обитавший на территории штата Новый Южный Уэльс, Австралия, — белогрудый, также считался вымершим в 1932 году, хотя когда-то он был очень многочисленным. Причиной послужило уничтожение его естественной среды обитания. Затем, в 1966 году, совершенно неожиданно, этот кенгуру внезапно снова появился по другую сторону пролива, около Окленда, Новая Зеландия.

Сначала специалисты были обескуражены. Как кенгуру мог достичь этих берегов? Затем выяснилось, что некоторое количество этих животных было завезено в Новую Зеландию и отпущено на волю поселенцами в конце XIX века. Как ни удивительно, в 1972 году небольшое количество этих кенгуру было также обнаружено в отдаленном уголке Австралии. Может, иногда мы слишком торопимся объявить вид вымершим.

> **КОРОТКИЙ ФАКТ**
>
> Последний из кенгуру Грея умер в зоопарке города Аделаида, Австралия. Эти животные плохо размножались в неволе.

ВРЕМЯ ОБИТАНИЯ: до 1940 года
РАЗМЕР: до 0,9 м в длину
АРЕАЛ: малонаселенные районы Австралии
РАЦИОН: растительность

ДРУГИЕ ДАННЫЕ: сумчатое; на него охотились ради его шкуры; быстроногое; научное название *Macropus greyi*

Мир кенгуру Грея

- Спрос на шкуры кенгуру Грея одно время был настолько высок, что всякий пытающийся заработать оказывался перед соблазном охоты на них.

- Их шкурам находилось самое разнообразное применение, даже в модной индустрии. Их мясо также являлось ходовым товаром.

Проехидна

Колючие существа, питающиеся муравьями, такие как изображенное ниже, используют свои длинные узкие морды, чтобы доставать насекомых, составляющих их основной рацион. Подобная сцена сегодня может происходить в удаленных уголках Австралии и Южной Новой Гвинеи. Но давным-давно существовала также гигантская колючая проехидна.

ВРЕМЯ ОБИТАНИЯ: меловой период
РАЗМЕР: 1 м в длину
АРЕАЛ: Австралия
РАЦИОН: преимущественно муравьи и термиты

ДРУГИЕ ДАННЫЕ: однопроходное; длинный язык; научное название Zaglossus hacketti

Известная науке как Zaglossus hacketti, эта древняя покрытая иголками проехидна существовала во времена, когда по нашей планете еще ходили динозавры. Как и современная ехидна, на которую она очень похожа, она имела очень длинный и липкий язык, идеальный для захвата муравьев и термитов, которыми она питалась.

Шкура этого древнего животного, как вы можете видеть, состояла из многочисленных жестких волосков и игл, обеспечивавших по крайней мере некоторую защиту от хищников, а также, возможно, хорошо маскировавших животное в кустах.

Продолжительность жизни современных колючих проехидн велика для животного этого типа, даже в неволе, и мы можем предположить, что это же относилось и к гигантской проехидне. Однако она могла становиться жертвой крупных хищников, с которыми когда-то сосуществовала.

Проехидна относится к так называемым однопроходным. (Это слово означает «имеющие одно отверстие», т. е. мочеиспукательная система, пищеварительный тракт и репродуктивные ограны открываются в одно отверстие.)

Современная проехидна и ехидна также относятся к однопроходным, как и утконос. Но гигантская проехидна, судя по ее останкам, была примерно вдвое крупнее современных проехидн, длина которых не превышает 50 см.

ОТКЛАДЫВАЮЩИЕ ЯЙЦА МЛЕКОПИТАЮЩИЕ

Однопроходные — весьма необычные существа, ведь, несмотря на то что их можно отнести к млекопитающим, так как они вырабатывают молоко для своего потомства, они при этом откладывают яйца, а не рождают живых детенышей.

Сегодняшняя проехидна откладывает единственное яйцо, которое вылупляется в сумке, и мы можем предположить, что так же поступала и древняя проехидна. Как и сегодняшние детеныши однопроходных, возможно, она питалась, слизывая молоко, которое ее мать выделяла в сумку.

В течение некоторого времени зоолог Пегги Рисмиллер изучает дикую природу на острове Кенгуру, около Аделаиды, Южная Австралия. Особенно ее интересует местная популяция проехидны, и в результате ее исследований, возможно, мы получим некоторые дополнительные факты о жизни ее древнего более крупного родственника.

Мир проехидны

- Современная проехидна представляет собой пугливое существо, использующее свои крепкие когти, чтобы зарываться в землю в случае опасности. Несмотря на то, что древняя проехидна была крупнее, возможно, она также пряталась в подполье, пока опасность не проходила стороной.

Кенгуровые крысы

В разных частях Австралии существовало несколько видов кенгуровых крыс, некоторые из которых вымерли. Широколицая кенгуровая крыса, изображенная на иллюстрации, к примеру, полностью исчезла с территории Западной Австралии в начале XX века.

Джон Гилберт, великий британский исследователь и натуралист XIX века, поймал для своей коллекции одну широколицую кенгуровую крысу, когда она уже была редким животным в своей естественной австралийской среде обитания. В Европе никогда не существовало кенгуровых крыс, которые получили свое название из-за сходства с грызунами. Вскоре, примерно в 1908 году, этот вид вымер, отчасти вследствие лесных пожаров, которые в буквальном смысле сожгли этих животных.

У Гилберта также был вид потору, названный его именем, но кенгуровая крыса Гилберта полностью вымерла в Западной Австралии несколькими годами раньше, в 1900 году. Это животное имело черный хвост и характерную черную полосу, пересекавшую по центру его мордочку; по отчетам Гилберта, оно обитало в густых зарослях вдоль ручьев и рек.

Среда обитания этого животного постепенно уничтожалась, а кроме того, на него охотились лисы. Уничтожало его, по-видимому, и местное население, сначала выгоняя животное на открытое место и пугая громкими криками. Затем зверька забивали копьями. Гилберт обнаружил этот вид кенгуровой крысы в заливе Короля Георга на западе Австралии в 1840 году.

ВРЕМЯ ОБИТАНИЯ: некоторые виды живы и по сей день, другие вымерли до 1908 года
РАЗМЕР: до 60 см в длину
АРЕАЛ: заросли кустов вдоль русел рек в Австралии
РАЦИОН: растительность и отбросы

ДРУГИЕ ДАННЫЕ: сумчатые; становились жертвой кошек, лис и людей; длинные хвосты; научное название кенгуровой крысы Гилберта Potorous gilberti

ДРЕВНИЙ КРОШКА-КЕНГУРУ

Существует также другой тип этого животного, известный как длинноносая кенгуровая крыса. В действительности он является самым древним австралийским кенгуру, несмотря на свой скромный размер — всего 20 см, — и даже был описан как фактически живое ископаемое.

Это объясняется тем, что, по мнению ученых, он выглядит так же, как и много миллионов лет назад. Но вот уже много лет его не видели ни на западе, ни на юге Австралии, и вероятно, что он вымер в этих местах. Сегодня достоверно известно лишь, что он существует на острове Тасмания.

Мир кенгуровой крысы

- На территорию острова Святого Франциска, где ближе к концу XIX века была обнаружена кенгуровая крыса, были завезены кошки. Это было сделано с целью снижения популяции кенгуровых крыс, разорявших огороды. Однако эти хищницы убивали столько представителей этого вида, что эта кенгуровая крыса исчезла на своей родине, острове Святого Франциска, неподалеку от побережья Южной Австралии в 1900 году.

Вымершие бандикуты

Хотя некоторые бандикуты еще живут в Австралии, несколько видов этого сумчатого вымерли в течение XX века. Отчасти виной тому была торговля их мехом. Несомненно, очень печально, что такие симпатичные зверьки, как эти милые бандикуты, покинули нас навсегда.

Обнаруженный в 1840 году, но вымерший уже сто лет спустя в штатах Виктория и Новый Южный Уэльс, восточный полосатый длинноносый бандикут, изображенный здесь, по-прежнему живет на острове Тасмания. Его спину пересекают характерные полосы, давшие название этому виду.

КОРОТКИЙ ФАКТ

Многие так называемые кроличьи бандикуты погибали, попадая в ловушки, которые на самом деле ставились на кроликов.

Одна из проблем, с которой столкнулись выжившие восточные полосатые бандикуты в Тасмании, а также, вероятно, их вымершие родственники на материке, — это нападения лис, кошек и собак. Кроме того, кошки могут являться носителями такого заболевания, как токсоплазмоз, которое опасно для полосатого бандикута. Обычно оно приводит к летальному исходу.

Расчистка лугов под пашни также приводит к снижению их численности, даже несмотря на их чрезвычайную плодовитость. Одна самка за год может принести до 16 детенышей.

ВРЕМЯ ОБИТАНИЯ: некоторые вымерли к 1940 году, но несколько видов осталось
РАЗМЕР: меньше кроликов
АРЕАЛ: австралийские луга
РАЦИОН: преимущественно растительность

ДРУГИЕ ДАННЫЕ: сумчатые; была уничтожена естественная среда обитания; научное название восточного полосатого бандикута Perameles fasciata

Мир полосатого бандикута

- Одной из основных причин, по которой вымерло несколько типов полосатого бандикута, является то, что они не прятались в землю. Поэтому они погибали при лесных пожарах, и им негде было спрятаться на выжженной территории.

Последний западный полосатый бандикут был зарегистрирован на материке в 1922 году. Он имел одну дополнительную полосу, проходящую по бокам около бедер, а также открывающуюся назад сумку. Сегодня этот бандикут обитает только на островах Бернье и Дорр, где он был вновь открыт в 1983 году. Здесь бандикуты живут по большей части в песчаных холмах около пляжей или в дюнах, покрытых редкой растительностью. Это преимущественно ночные животные, питающиеся главным образом растениями и насекомыми.

А вот свиноногий бандикут получил свое название из-за того, что его передние лапки сильно напоминают раздвоенные копыта свиньи.

В то же время его длинные стройные задние конечности делают его похожим на маленького оленя. Его родиной также является Южная Австралия; последний раз его видели в 1925 году.

Более крупный кроличий бандикут, или билби, когда-то также обитал на юге Австралии, но на сегодня полностью вымер. Первые поселенцы находили этих зверьков чудесными и делали все, чтобы защитить их. Но со временем люди потеряли к ним интерес, занялись поднятием экономики, и эти животные были уничтожены.

Карибу Доусона

Этот вид оленя когда-то обитал в болотистых областях островов Королевы Шарлотты, неподалеку от берегов канадской провинции Британская Колумбия и вымер, вероятно, в 1908 году.

Живший только на острове Грейам, одном из группы островов Королевы Шарлотты, карибу, или канадский олень, вероятно, вымер отчасти из-за охоты на него, а также из-за изменений его естественной среды обитания. Индейское племя хайда, населявшее острова Королевы Шарлотты в течение тысячи лет до прибытия эмигрантов, даже не подозревало о его существовании, пока им не показали его. Эти индейские племена редко заходили в центральные районы.

КОРОТКИЙ ФАКТ

Карибу Доусона назван по имени Г. М. Доусона, человека, который в 1878 году впервые описал его.

ВРЕМЯ ОБИТАНИЯ: до 1908 года
РАЗМЕР: примерно 1,5 м от плечевого сустава
АРЕАЛ: острова Королевы Шарлотты, Канада
РАЦИОН: растительность

ДРУГИЕ ДАННЫЕ: человек охотился на него ради шкуры и мяса; обитал в болотистых областях, пока они не были осушены; научное название Rangifer tarandus dawsoni

Мир карибу

- В 1908 году, когда карибу видели лишь изредка, были обнаружены два самца и одна самка карибу с единственным детенышем. Взрослые особи были убиты, но детеныш уцелел. К счастью, детеныши всегда были слишком пугливы, чтобы приближаться к людям.

Однако все коренным образом изменилось, когда хайда начали помогать эмигрантам охотиться на карибу из-за их шкур. Эти карибу были любознательными от природы, и охотникам легко было подманить их к себе очень близко.

Карибу обладали длинной густой зимней шерстью, помогавшей животным сохранять тепло в самые холодные месяцы, но именно эти шкуры и привлекали охотников.

Некоторые типы карибу славятся своим умением хорошо плавать, а потому возможно, что карибу когда-то перебрался на остров Грейам вплавь с материка, хотя никто не может утверждать этого со всей уверенностью.

ВЫМИРАЮЩИЕ РОДСТВЕННИКИ

Остались другие типы карибу, численность которых сегодня все уменьшается; среди них карибу, обитающий только на островах архипелага Парри. Однако некоторые виды карибу остаются источником пищи для людей, живущих в удаленных северных поселениях. Но к счастью, эти виды не находятся под угрозой исчезновения, и туристы стекаются, чтобы посмотреть на них. Однако защитникам природы нужно пристально наблюдать за ними, чтобы их не постигла участь карибу Доусона.

Американский бизон

Миллионы бизонов когда-то бороздили североамериканские просторы; но охота на них привела практически к полному их исчезновению в конце XIX века. Эта история, однако, имеет неожиданный конец.

Примерно 200 000 лет назад предки бизона пересекли сушу, соединявшую Азию с Северной Америкой. В то время эти животные были гораздо крупнее, чем современные бизоны, и, вероятно, весили в два раза больше. На новом месте они нашли замечательную среду обитания, но за многие тысячи лет уменьшились в размере.

Как только североамериканские индейцы увидели бизонов, они начали истреблять их в огромных количествах, не только ради мяса, но и ради шкур, из которых они делали свои вигвамы, покрывала, обувь и одежду, тогда как кости, рога и копыта использовались для изготовления орудий труда.

ОХОТНИЧЬЯ ЛИХОРАДКА

Однако полномасштабная резня бизонов началась с прибытием в так называемый Новый Свет европейцев. Баффало Билл, чье настоящее имя было Уильям Фредерик Коди, по дошедшим до нас сведениям, убил 4 250 бизонов всего за 18 месяцев — их мяса хватило бы, чтобы накормить людей, строивших железные дороги по всему континенту.

Многие бизоны также погибали из-за того, что преследование человеком загоняло их на болотистые земли. Считается также, что правительство содействовало массовому уничтожению бизонов, поскольку хотело подорвать экономику индейцев и взять их под свой контроль.

Кроме того, в среде новых эмигрантов стало престижным есть мясо бизона или иметь что-либо, изготовленное из его шкуры. Стыдно сказать, вы могли купить билет на специальное место в поезде, чтобы из окна стрелять по бизонам. Целью было полное истребление.

Однако все-таки американский бизон был спасен и оказался под защитой закона.

Мир американского бизона

- Стада бизонов, обитавшие на бескрайних степях до резкого снижения их численности, по мнению специалистов, насчитывали примерно 60 миллионов животных. Но к 1860 году оставалось лишь около 850 особей.

ВРЕМЯ ОБИТАНИЯ: начиная с 200 000 лет назад до наших дней
РАЗМЕР: современные бизоны меньше своих предков
АРЕАЛ: первоначально Азия, а затем прерии Северной Америки
РАЦИОН: растительность

ДРУГИЕ ДАННЫЕ: когда-то был очень многочисленным, но подвергся истреблению ради шкур и мяса; кости, рога и копыта также использовались для изготовления орудий труда; спасен от полного уничтожения

БИЗОН ВЕРНУЛСЯ!

Сегодня благодаря успешно проведенным программам спасения в заповедниках, а также в национальных и государственных парках Северной Америки существует около 350 000 бизонов. Это, конечно же, лишь малая часть прежней популяции, но главное, что это величественное животное было спасено.

Даже если вы не имеете возможности увидеть бизона в природе — например, в Йеллоустонском национальном парке, штат Вайоминг, — возможно, вам доведется увидеть его в зоопарке.

Гигантский бобр

Современные бобры, живущие в Северной Америке и находящиеся сегодня под угрозой исчезновения, во многом похожи на своих дальних родственников, вымерших примерно 10 000 лет назад. Но имеется одна существенная разница — размер. Судя по обнаруженным останкам гигантского бобра, хранящимся в Музее Филда, Чикаго, они достигали в длину 2,7 м.

> **КОРОТКИЙ ФАКТ**
>
> Первые останки вымершего гигантского бобра были обнаружены в торфяном болоте в штате Огайо, США, в 1837 году.

Один из самых крупных грызунов, когда-либо существовавших на Земле, гигантский бобр жил в одно время с такими животными, как шерстистый мамонт и саблезубый тигр. Люди каменного века в своей наскальной живописи увековечили множество доисторических животных, однако нет ни одного изображения гигантского бобра, и потому ученые вынуждены целиком полагаться на его окаменелые останки, чтобы восстановить внешний облик этого массивного грызуна. Из легенд североамериканских индейцев также можно сделать вывод о том, в какой ужас приводила внешность этого животного.

Согласно одному занимательному индейскому поверью, гигантский бобр регулярно ловил рыбу, живущую в Лонг-Ривер. Но иногда он бывал так голоден, что поедал и людей. Люди были так напуганы, что позвали на помощь доброго великана Хобомука, чтобы он убил бобра. Хобомук согласился и загнал бобра в одно из больших глубоких озер. Затем он стал швырять в него камни и смог потопить животное, чтобы потом ударить его огромной дубиной. И поныне люди верят, что его голова стала скалой из песчаника горы Шугархед, а его туловище — северной грядой. Промежуток между ними — это то место на шее гигантского бобра, куда пришелся удар дубины Хобомука.

ВРЕМЯ ОБИТАНИЯ: более 10 000 лет назад
РАЗМЕР: 2,7 м в длину
АРЕАЛ: Северная Америка
РАЦИОН: преимущественно рыба

ДРУГИЕ ДАННЫЕ: герой многих индейских легенд; обитал в реках и озерах; дальний родственник современных бобров; останки впервые обнаружены в торфяном болоте; превосходный пловец

Мир гигантского бобра

- Нет никаких свидетельств того, что человек охотился на гигантского бобра, который полностью вымер примерно 10 000 лет назад.

- Дом, который строят себе бобры, называется хаткой, а детеныши — бобрятами.

В легенде племени покумтук может быть доля правды, поскольку нам известно благодаря найденным ископаемым, что очень большое озеро действительно было расположено в долине реки Коннектикут и что один из видов гигантского бобра когда-то жил в этом озере.

ПОД УГРОЗОЙ ИСЧЕЗНОВЕНИЯ СЕГОДНЯ

Современные бобры в некоторых районах также находятся под угрозой исчезновения, главным образом из-за спроса на их шкуры. В XIX веке мех бобра шел на головные уборы и воротники. Не так давно бобров убивали также, чтобы готовить из их шкур меховые манто. Ну а некоторые люди убивали их просто потому, что считали вредными животными. Человек может заразиться от бобров, если попьет воды, зараженной этими во всех остальных отношениях очаровательными грызунами.

В Европе современный бобр практически вымер. Однако в некоторых регионах сегодня ловля бобров по закону ограничена определенными временами года, с тем чтобы предотвратить полное исчезновение этого вида.

Карликовый слон

Слонов мы обычно представляем себе огромными и толстыми. А поверите ли вы, что когда-то жили карликовые слоны, которые вырастали лишь до 1 м? Окаменевшие останки этих слонов были главным образом обнаружены на острове Сицилия. Только представьте, какими крошечными должны были быть их детеныши!

Как случилось, что появился такой низкорослый вид слонов, когда повсюду эти животные остались, как мы знаем, такими великанами? Существует теория, объясняющая, почему иногда, только на островах, обнаруживаются мелкие виды, такие как карликовый слон. Когда эти слоны приплыли на Сицилию и освоили новую среду обитания, на ограниченной территории они не могли найти просторных пастбищ.

Кроме того, вероятно, им не угрожали крупные хищники. Поэтому слонам-эмигрантам не требовалось поддерживать первоначальный размер тела, и со временем они стали меньше.

ГИГАНТСКИЕ МИФЫ?

Возможно даже, что за рассказами о гигантской слоновой птице (эпиорнисе), которые иногда считаются преувеличениями или даже просто мифами, кроются именно карликовые слоны. Возможно, что эта крупная птица все же могла поднимать в воздух слонов — но только карликовых слонов или их детенышей, — а затем бросать их, чтобы они разбились насмерть. (Больше о слоновой птице вы можете узнать на стр. 134—135.)

КОРОТКИЙ ФАКТ

Несколько ископаемых карликовых слонов, обнаруженных в пещерах, относятся к плейстоцену. Но возможно, они дожили до времен возникновения Римской империи.

ВРЕМЯ ОБИТАНИЯ: плейстоцен и голоцен
РАЗМЕР: рост менее 1 м
АРЕАЛ: Сицилия
РАЦИОН: растительность

ДРУГИЕ ДАННЫЕ: эти низкорослые слоны были миниатюрной копией тех слонов, которых мы знаем сегодня; научное название Elephas falconeri

Некоторые специалисты убеждены, что известный греческий миф об одноглазых циклопах, в том числе и Полифеме, о котором повествует Гомер в своей поэме «Одиссея», родился благодаря первым находкам окаменевших останков карликовых слонов. (Конечно, задолго до того, как люди узнали, кем же они в действительности являлись.) К огромному недоразумению, главным образом, могли привести ископаемые черепа. В центре имелось большое отверстие, которое, возможно, было принято за местоположение огромного расположенного по центру глаза, который, как считалось, имелся у циклопов.

Крыса-кролик

Скорее всего одна мысль о том, чтобы есть крыс, вызывает у вас отвращение. Но так называемая крыса-кролик, также известная как пищуха, в действительности относилась к зайцеобразным, подобно кроликам и зайцам, а не к грызунам.

Если вы заглянете в старинную французскую поваренную книгу, то обнаружите рецепты блюд из мяса кролика или зайца. Поэтому неудивительно, что много лет назад жители французского острова Корсика ловили местных пищух, или крыс-кроликов, и употребляли их мясо в пищу.

Судя по обнаруженным останкам, корсиканская пищуха, видимо, была весьма многочисленной во время последнего ледникового периода, и первобытные люди, жившие в то время, ели ее мясо в большом количестве, когда другие, более крупные, животные были недоступны.

Корсика была заселена примерно 9000 лет назад, а пищуха, обитавшая также на острове Сардиния, вымерла примерно в 500 году н. э. Из этого мы можем сделать вывод, что, по всей видимости, она появлялась на столе и во времена римской империи. Сегодня никто не может сказать точно, но вероятно, на вкус она напоминала кролика или зайца, приготовленного на открытом огне.

КОРОТКИЙ ФАКТ

Сегодня существует несколько видов пищух, которые обитают в самых разнообразных местах; в пустынях, горных районах, на открытых равнинах и в степях.

ВРЕМЯ ОБИТАНИЯ: до 500 года н. э.
РАЗМЕР: до 30 см в длину
АРЕАЛ: горная местность на Корсике
РАЦИОН: трава и другая растительность

ДРУГИЕ ДАННЫЕ: вероятно, вымерла из-за чрезмерного истребления человеком; известна также как пищуха; научное название Prolagus corsicanus

Мир крысы-кролика

- Если вымершие крысы-кролики были похожи на современных пищух, их дневной помет был зеленого цвета, а ночной — черного. Кроме того, они тоже могли поедать часть своего помета, чтобы не терять питательные вещества.

По одной теории, пищухи, или крысы-кролики, изначально пришли с материка, с территории современной Европы, в то время, когда существовал перешеек, и остались на островах Сардиния и Корсика, когда уровень моря поднялся и путь назад оказался отрезан.

По мнению ученых, некоторые из этих крыс-кроликов вырастали до 30 см в длину. Вероятно, они двигалась очень быстро, и их трудно было поймать, хотя охотившиеся на них люди, видимо, использовали копья, а также ставили на них всевозможные ловушки.

Но почему же они вымерли? Практически наверняка это произошло вследствие того, что были завезены новые виды, которые, помимо людей, стали охотиться на них.

Вымершие козлы

На средиземноморском острове Майорка были обнаружены останки ископаемых пещерных козлов. Возможно, они поселились здесь еще 8 миллионов лет назад.

Пещерные козлы Майорки, изображенные на этом развороте, не были обнаружены больше нигде; они казались крошечными по сравнению с теми козлами, которых мы знаем сегодня. Рост взрослого пещерного козла достигал лишь 50 см, что примерно равно среднему росту ягненка XX века.

Но, как объяснялось на странице 162, очень часто случается, что животные, перебравшиеся на острова, в процессе эволюции становятся меньше, если островную территорию с ними не делят опасные хищники.

ВНУТРЕННЯЯ ИНФОРМАЦИЯ

Были найдены черепа пещерных козлов со спиленными рогами, что является практически неопровержимым доказательством того, что первобытные люди, с которыми они, возможно, делили пещеры, держали их в качестве домашних животных. Обнаружены и пещеры, в которых нашли их окаменевшие экскременты, а стены некоторых пещер покрыты наскальными рисунками, на которых козлы изображены очень похожими на то, как, по мнению современных ученых, они должны были выглядеть.

Но другой тип козла вымер совсем недавно. В январе 2000 года появилось сообщение о том, что находящийся под защитой тип козла, родиной которого является горный район северной Испании, вымер, поскольку последняя из выживших особей была найдена мертвой под упавшим деревом. Это была 13-летняя самка, и ее череп был проломлен.

> **КОРОТКИЙ ФАКТ**
>
> Рога пещерных козлов, по мнению некоторых специалистов, люди, возможно, носили как амулеты и талисманы.

ДАННЫЕ: причины, по которым некоторые виды козлов вымирают, начиная с доисторических времён и до сравнительно недавнего времени, включают: охоту; изменение среды обитания; истребление другими животными; возможно, болезни и природные бедствия; убийство животных с целью добычи их рогов, которые использовались как талисманы

Живший в течение нескольких лет в национальном парке, поскольку вследствие изменения среды обитания и браконьерства численность этого вида катастрофически снизилась, этот пиренейский горный козел теперь вымер. Но, возможно, не навсегда, поскольку ученые взяли образец ткани на случай, если будет принято решение клонировать это животное. Однако это будет возможно, только если обнаружится выживший самец. Успешное клонирование другого вида козла состоялось в Америке в 1999 году.

Фолклендская лисица

Как ни странно, когда-то некоторые жители Фолклендских островов, на которых обитало это животное, были уверены, что это вампир. Но это лишь одна причина из тех, по которым оно было полностью истреблено к 1876 году.

Иногда называемая антарктическим волком, фолклендская лисица в течение длительного времени подвергалась преследованию на Фолклендских островах, лежащих вблизи берега Аргентины, в Южной Америке. Здесь ее приманивали куском мяса, а затем забивали.

Стая фолклендских лис, изображенная на этом развороте, изображена спасающейся от огня. В 1764 году несколько моряков были атакованы фолклендскими лисицами, которых они описали как единственных опасных животных в том регионе.

В результате эти люди решили поджечь обширную территорию, поросшую травой, чтобы отогнать лис от того участка острова, рядом с которым они встали на якорь. По дошедшим до нас сведениям, пожар длился несколько дней, и, без сомнения, многие лисы не пережили этого кошмара.

ВРЕМЯ ОБИТАНИЯ: до 1876 года
РАЗМЕР: как у других лис
АРЕАЛ: Фолклендские острова
РАЦИОН: хищник

ДРУГИЕ ДАННЫЕ: на нее охотились ради шкуры; отстреливали, так как она убивала овец; также известна как антарктический волк; научное название Dusicyon australis

Известный английский натуралист XIX века Чарлз Дарвин воочию видел фолклендскую лисицу, когда приплыл в эту часть света, и предсказал, что это животное, без сомнения, довольно скоро будет истреблено.

В «Путешествии натуралиста вокруг света на корабле "Бигль"» он написал:

«Популяция этих животных, должно быть, значительно снизилась за последние пятьдесят лет; они уже полностью вытеснены с той половины Восточного Фолкленда, которая расположена к востоку от заливов Сан-Сальвадор и Беркли; и, по моему мнению, не должно вызывать сомнений, что в связи с происходящей сегодня колонизацией этих островов, прежде чем истлеет бумага, на которой описано это животное, оно будет отнесено к тем видам, которые исчезли с лица земли».

КОРОТКИЙ ФАКТ

Единственный экземпляр фолклендской лисицы был привезен в Англию в 1868 году, где в конце концов это животное умерло в лондонском зоопарке.

На фолклендскую лисицу охотились ради ее шкуры, шубы из которой пользовались большим спросом во всем мире. Кроме того, некоторые из живших на островах фермеров утверждали, что это животное в больших количествах убивало овец, а потому его отстреливали при всякой возможности.

Однако самой большой загадкой остается тот факт, что это было единственное хищное животное (помимо небольшой мыши), обитавшее на островах. Когда ему не удавалось раздобыть овцу, оно, вероятно, питалось мясом пингвинов, яйцами и, возможно, растениями. Без сомнения, пищи не хватало, и в одном сообщении утверждалось, что в определенное время года фолклендские лисы неизменно голодали.

Мир фолклендской лисицы

- Никто не может точно сказать, как это животное добралось до Фолклендских островов, расположенных на расстоянии 300 км от Аргентины. По одной теории, они прибыли на остров в эпоху плейстоцена, когда уровень моря был гораздо ниже; по другой — когда-то они были приручены.

Карибский тюлень-монах

В 1495 году Христофор Колумб и его команда убили восемь карибских тюленей-монахов, которых они описали как «морских волков». Постоянно истребляемые ради ворвани, шкур и мяса, теперь они вымерли.

Этот тюлень был первым животным Нового Света, увиденным великим мореплавателем Христофором Колумбом, когда он достиг островов Карибского бассейна. Передвигалось оно исключительно медленно и было очень доверчиво к людям. Именно это, по мнению некоторых ученых, было одним из главных факторов, приведших к полному истреблению.

Для спаривания эти тюлени выходили на берег, и здесь они были особенно уязвимы. Охотники могли подобраться очень близко, вести себя дружелюбно, а затем внезапно забить их на месте. Поскольку на берегу они были чрезвычайно неуклюжи, у них не было надежды на спасение. Вину возлагают также на ученых, которые иногда убивали тюленей просто потому, что желали видеть их в своих музейных коллекциях.

Карибские тюлени-монахи имели коричневато-серую окраску и более светлую нижнюю часть тела. Область вокруг рта также была светлее. Взрослые особи достигали 2 м в длину. Новорожденные детеныши были примерно в два раза меньше.

Мир карибского тюленя-монаха

- Кроме людей, основной угрозой для карибского тюленя-монаха в Карибском бассейне были акулы.

Однако именно люди истребили большую их часть, иногда убивая даже по 100 особей за одну ночь.

ВРЕМЯ ОБИТАНИЯ: до 1952 года
РАЗМЕР: 2,1 м в длину
АРЕАЛ: Карибский бассейн
РАЦИОН: рыба и ракообразные

ДРУГИЕ ДАННЫЕ: подвергся чрезмерному истреблению ради шкур и мяса; время от времени выбирался на сушу для размножения; научное название Monachus tropicalis

В 1911 году появилось сообщение, что местные рыбаки забили большую часть, а возможно, и всех из 200 оставшихся в живых карибских тюленей-монахов в Мексиканском заливе. Единственным возможным объяснением была просто алчность, поскольку за этих животных можно было выручить приличную сумму денег. Однако некоторые ученые убеждены, что несколько особей могли избежать гибели. С тех пор время от времени делались заявления о том, что во время ежегодной миграции появились несколько особей. Но даже если эти заявления достоверны, уцелевшая популяция немногочисленна.

СПАСЕНИЕ ДРУГИХ ТЮЛЕНЕЙ-МОНАХОВ

В 1972 году было произведено аэронаблюдение, с тем чтобы выяснить, действительно ли на территории своего естественного места обитания могли уцелеть карибские тюлени-монахи. Кроме того, в 1980 году с той же целью была снаряжена экспедиция. Однако ни одна из этих попыток не принесла каких-либо результатов. Но возможно, что для тюленей-монахов еще не все потеряно, поскольку два родственных вида, гавайский и средиземноморский, находившиеся одно время под угрозой исчезновения, сегодня защищены законом.

> **КОРОТКИЙ ФАКТ**
>
> О последнем карибском тюлене-монахе было сообщено в 1952 году; его видели в Карибском море между Ямайкой и Гондурасом.

Стеллерова корова

Описанное как добродушный великан открывшим его еще в XVIII веке ученым, это огромное морское млекопитающее, наверное, являло собой незабываемое зрелище.

Морская, или стеллерова, корова была одним из самых величественных океанических животных; но стоило морякам обнаружить ее, дни морской, или стеллеровой, коровы были сочтены. Северная часть Тихого океана — это холодный и пустынный регион, а морская корова была для моряков эдаким кладезем провианта. Ее жареное мясо описывалось как чрезвычайно вкусное, и одна морская корова могла на месяц обеспечить пищей 30 человек. Охотники безжалостно убивали этих животных.

Их подцепляли гарпуном и забивали всем имевшимся оружием, а затем разделывали, прежде чем они успевали испустить последний вздох. Должно быть, они отчаянно били хвостами и пытались отбиваться плавниками, но безуспешно.

СОЦИАЛЬНЫЕ ЖИВОТНЫЕ

Немецкий ученый XVIII века Георг Стеллер, давший этому животному свое имя, был на самом деле единственным натуралистом, когда-либо наблюдавшим это дружелюбное и умное животное, способное рисковать своей жизнью, чтобы вызволить сородичей.

ВРЕМЯ ОБИТАНИЯ: до 1768 года
РАЗМЕР: 9 м в длину
АРЕАЛ: на острове Беринга в северной части Тихого океана
РАЦИОН: различная рыба и морские водоросли

ДРУГИЕ ДАННЫЕ: огромное морское млекопитающее; названо по имени Георга Стеллера, исследователя, который открыл его; научное название Hydrodamalis stelleri

Но в 1768 году — спустя лишь 27 лет после обнаружения их Стеллером — эти огромные и миролюбивые морские млекопитающие, судя по отчетам, благородные и с виду, и по характеру, были полностью стерты человеком с лица земли. Два более мелких типа морской коровы — ламантин и дюгонь, — однако, существуют и по сей день. (О них вы сможете прочитать ниже в этой книге.) Оба вида малочисленны, но ученые надеются, что ни один из них не разделит участь стеллеровой коровы.

Мир стеллеровой коровы

- Обнаруженная, когда в 1741 году Георг Стеллер был выброшен при кораблекрушении на остров Беринга, стеллерова корова является родственником слона.

Вымершие лягушки

В течение последних лет ученые отмечают, что численность некоторых видов лягушек снижается, или же они вырождаются. Определенные виды полностью исчезли.

Израильская украшенная лягушка впервые была описана как вид лишь в 1940 году. Но спустя лишь 16 лет полностью вымерла. При длине тела взрослой особи 8 см, израильская украшенная лягушка была впервые классифицирована на основании всего лишь двух особей и двух головастиков. Удивительным является то, что это единственная украшенная лягушка, обнаруженная к востоку от Средиземного моря. Кроме того, она по некоторым свойствам отличалась от других известных типов пятнистых лягушек.

Во-первых, у нее были более длинные передние лапки. Она тоже имела отчетливые отметины в виде красных и белых бугорков, а также пятнистых участков на туловище цвета ржавчины и на сером брюхе.

Должно быть, человек, обнаруживший первых двух молодых особей, был очень разочарован, когда обнаружил, что им присущи каннибальские наклонности!

Более крупная из двоих, самка, должно быть, проголодалась или была раздражена, но только она проглотила самца. По всей видимости, не осталось никаких записей о судьбе двух головастиков, найденных тогда же.

В 1955 году была обнаружена еще одна особь, и на основе крупных размеров этой самки был сделан вывод, что две предыдущие лягушки были молодыми особями. С тех пор израильские украшенные лягушки, изображенные на этом развороте, ни разу не наблюдались.

РИСКНЕМ?

Другой вымерший вид лягушки обитал в окрестностях Лас-Вегаса, игорной столицы Соединенных Штатов. Известный как вегасская леопардовая лягушка (данный вид отождествлен с пятнистой лягушкой), он стал редким вследствие мелиоративных работ. Но это еще не все. Консервационисты пошли на риск, когда завезли в этот регион форель, поскольку эта рыба съела икру и головастиков леопардовой лягушки. В последний раз эту лягушку видели в 1942 году.

Мир израильской украшенной лягушки

- Мелиорация земель преследует благие цели; но когда на израильско-сирийской границе были осушены болота, это привело к исчезновению естественной среды обитания израильской украшенной лягушки.

ДАННЫЕ: к причинам вымирания и снижения численности некоторых видов лягушек относятся уничтожение естественной среды обитания, зачастую связанное с мелиорацией земель; разведение рыб, которые поедают и икру, и головастиков; коллекционирование людьми; загрязнение вод; применение пестицидов и фунгицидов

Кроме того, иногда лягушки исчезали потому, что люди находили их красивыми и коллекционировали. Именно это случилось с золотой панамской лягушкой, известной под названием золотой ателоп, обитавшей лишь на очень небольшой территории этой страны. Туристы скупали этих лягушек в таких количествах, что сегодня этот вид вряд ли можно встретить.

К другим причинам, по которым некоторые виды лягушек становятся малочисленными, относятся гастрономическое пристрастие некоторых народов к лягушачьим лапкам, а также использование пестицидов.

В 1997 году австралийское правительство даже запретило применение некоторых гербицидов. Было запрещено использовать их вблизи водоемов в связи с их пагубным воздействием на лягушек и головастиков.

Существовали также доклады о том, что и фунгициды способны оказывать негативное влияние на лягушек. К примеру, в штате Миннесота, США, было доказано, что они могут вызывать задержку роста головастиков и влиять на нормальное половое созревание лягушек. А загрязнение рек детергентами иногда приводит к тому, что лягушки утрачивают способность дышать через кожу. Паразиты, такие как трематоды (плоские гельминты), также иногда приводят к исчезновению лягушек.

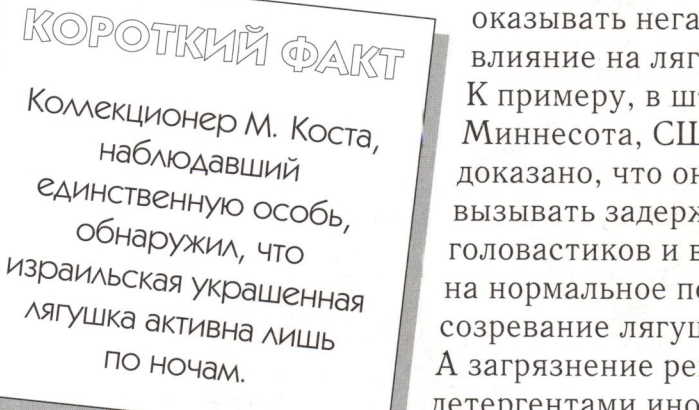

> **КОРОТКИЙ ФАКТ**
>
> Коллекционер М. Коста, наблюдавший единственную особь, обнаружил, что израильская украшенная лягушка активна лишь по ночам.

Вымершие змеи

Удав с острова Раунд Айленд считается вымершим с 1980 года. Другой удав, мадагаскарский, в настоящее время находится под угрозой уничтожения. Однако первое место за длину и толщину надлежит отдать вымершему гигантскому удаву, изображенному слева.

Невероятно мощная змея, гигантский удав был чрезвычайно опасным — он убивал свои жертвы, обвиваясь вокруг них всем телом, а затем стягивая кольца, пока жертва не задыхалась. Возможно, это и была мифическая змея, фигурирующая в легендах австралийских аборигенов. Судя по окаменелым останкам, он достигал 5 м в длину и был чрезвычайно толстым. В центральной части его тело было таким же широким, как ваша грудь.

КОРОТКИЙ ФАКТ

Некоторые змеи стали редкими, поскольку на них охотились ради их кожи. В некоторых странах их даже употребляют в пищу.

ДАННЫЕ: к причинам вымирания змей относится неприязнь к этим животным, ведущая к их методичному истреблению; уничтожение естественной среды обитания; добыча их кожи для производства модной одежды и аксессуаров; употребление змей в пищу в некоторых частях света; в некоторых обществах даже пьют их кровь.

ИСЧЕЗНОВЕНИЕ СРЕДЫ ОБИТАНИЯ

Мы не знаем, почему много лет назад вымер именно этот гигантский удав; но вину за исчезновение некоторых других змей ученые возлагают на вмешательство человека. К примеру, удав с острова Раунд Айленд, расположенного в Индийском океане неподалеку от острова Маврикий, считается практически полностью вымершим (возможно, остались одна-две особи). Исчезла их среда обитания, когда на острове были выпущены на свободу кролики и козлы, лишившие огромные территории какой-либо растительности.

А вот в Вест-Индии такие змеи, как ямайская древесная змея и мартиникский полоз, исчезли потому, что на них охотились люди и время от времени нападали мангусты.

Иногда со змеями обращаются чрезвычайно жестоко. В некоторых частях света с живых змей сдирают кожу, поскольку так их шкура лучше сохраняет свои качества. Затем кожу скупают производители модной одежды. В Таиланде змей убивают, чтобы люди могли пить их кровь, которая, как считается, прибавляет жизненных сил. Кроме того, в некоторых местах их отлавливают и употребляют в пищу.

Почему же нас должно заботить, что какие-то виды змей вымирают? Ведь на протяжении всей истории человечества они были символом зла и смерти. Укус смертельно опасной королевской кобры (также известной как гамадриад) даже способен убить человека всего за несколько минут, стоит лишь яду рапространиться по организму.

Но на самом деле змеи очень важны для контролирования популяции вредителей, таких как грызуны и некоторые нежелательные насекомые. В тех частях света, где определенные типы змей были полностью истреблены, эти вредители стали серьезной угрозой, заражая людей смертельно опасными заболеваниями.

В будущем, возможно, ученые найдут змеям применение в медицине. Исследователи, работающие в Университете Южной Каролины, США, даже предполагают, что протеин, содержащийся в яде медноголовой, или мокассиновой, змеи, способен замедлять развитие одной из форм рака. Яд бразильской копьеголовой змеи (также известной как фер-де-ланс), как было установлено, способствует снижению кровяного давления. Если мы спасем змей от полного уничтожения, возможно, мы спасем человечество.

Мир редких змей

- Многие люди недолюбливают змей, даже тех, которые не ядовиты, потому что они длинные и скользкие и у них быстро высовывающиеся языки.

Но некоторые из видов змей сегодня стали очень редкими и требуют охраны в природных условиях, если мы не хотим лишиться их.

Вымершие ящерицы

В 1926 году первые живые экземпляры гигантской ящерицы, известной как комодский дракон, а также комодосский варан, или ора, никогда не виденной за пределами Азии, был привезен в Нью-Йоркский зоопарк. Они выглядели внушительно, но куда им тягаться с мегаланией.

Считающаяся вымершим родственником комодского дракона, мегалания, или гигантский варан, обитавшая на территории современной Австралии, изображенная ниже, была огромна. Она могла достигать 6 м в длину.

Был проведен углеродный анализ ископаемой мегалании, который показал, что это животное жило одновременно с некоторыми из наших древних предков. Неудивительно, что вокруг него возникали многие легенды! Сегодняшние комодские драконы (названные в 1912 году по названию маленького индонезийского острова Комодо, где они были впервые обнаружены) имеют лишь половину этого размера.

Никому не известно, почему вымерла мегалания. Нам остается лишь предполагать, что ее могли истребить люди, которые находили ее пугающей из-за огромного размера. Возможно, подобно героям народного эпоса, отправлявшимся убивать дракона, сумевшие убить мегаланию прославлялись за избавление людей от якобы страшного чудовища.

Как бы то ни было, на сегодняшний день самый крупный варан обитает в Австралии, и длина его тела менее 2 м; его научное название Varanus giganteus.

Не так давно по самым разнообразным причинам вымерли и другие ящерицы. К примеру, некоторые обитательницы Вест-Индии стали добычей мангустов, кошек, крыс и птиц.

ДАННЫЕ: к причинам вымирания ящериц относятся истребление другими животными; нерезультативность попыток разведения в неволе; чрезмерное уничтожение людьми из спортивного интереса; разрушение естественной среды обитания; засухи и другие природные бедствия; необоснованный страх людей, поведший за собой истребление.

Однако на некоторых из вымерших ящериц люди охотились просто из спотивного интереса; а один вид, обитавший на крошечном островке неподалеку от Гваделупы, исчез после того, как его среда обитания была уничтожена страшным ураганом.

Кроме того, иногда на популяции пресмыкающихся сказывается строительство. Например, на Менорке, небольшом острове в Средиземном море, именно по этой причине в 1950 году исчезла ящерица с острова Ратас.

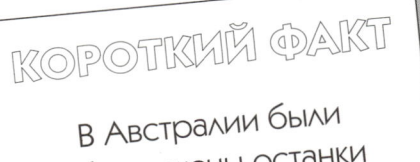

КОРОТКИЙ ФАКТ

В Австралии были обнаружены останки гигантского варана, показавшие, что, по всей вероятности, он вымер менее 20 000 лет назад.

Ящерицы на обед

Засухи, губившие растительность, без сомнения, способствовали исчезновению гигантского сцинка с островов Зеленого Мыса. Осужденные, сосланные на небольшую территорию этих островов в 1833 году, во время ужасного голода были просто вынуждены сделать оставшихся в живых ящериц частью своего основного рациона. Понятно, что численность этого вида, должно быть, стремительно снизилась еще более.

Настойчивые попытки ученых развести некоторые редкие виды ящериц в неволе не всегда приносили желаемый результат.

Гигантские черепахи

Панцири миоланий, две из которых изображенны здесь следующими друг за другом, достигали 1,3 м в длину. Но это были не единственные массивные черепахи.

Самым необычным в миолании был ее украшенный рогами череп, имевший ширину 60 см. Эти рога означали, что, по всей видимости, она не могла прятать голову в панцирь. Ее окаменевшие останки были обнаружены на острове Лорд-Хау, неподалеку от побережья Нового Южного Уэльса, Австралия, и отнесены к периоду плейстоцена.

Первые черепахи появились на планете Земля 200 000 000 лет назад, и самой крупной из когда-либо существовавших был обитатель морей археон, живший более 65 миллионов лет назад, в меловом периоде, ближе к концу царствования динозавров. Он вырастал до 4 м в длину, что очень немало для черепахи.

ВКУСНЯТИНА

К гигантским черепахам, вымершим не так давно, относится гигантская черепаха с острова Маврикий, которую никто не видел с 1700 года. Вероятно, она вымерла по той же причине, что и гигантская черепаха, обитавшая на соседнем острове Родригес в Индийском океане, — а именно, в результате охоты за мясом и панцирями. Один из пробовавших мясо этой черепахи утверждал, что оно настолько сочное, что даже приготовленное самым простым способом производит впечатление политого восхитительным соусом. С начала XVIII века и до момента исчезновения этой черепахи, 100 лет спустя, корабли даже останавливалсь на этом острове лишь для того, чтобы взять на борт столько этих гигантских черепах, сколько могло вместить судно.

КОРОТКИЙ ФАКТ

Черепаший панцирь иногда называется ее щитом. Щиты существенно различаются по размеру и форме, а также по цвету и рисунку.

ДАННЫЕ: к причинам, по которым вымерли некоторые гигантские черепахи, относятся массовое истребление ради панцирей, которые всегда были дорогостоящими, а также ради их мяса, считающегося очень вкусным; вина возлагается также на разрушение естественной среды обитания

Вымерли также некоторые из гигантских черепах с расположенных в Тихом океане Галапагосских островов, хотя само название Галапагосские произошло от испанского «место, изобилующее черепахами». Здесь черепахи также истреблялись в огромных количествах ради их мяса, начиная с XVII века и далее. Черепаха с острова Чарлз исчезла в 1876 году, а черепаху с острова Баррингтон не видели с 1890 года.

А вот судьба другой галапагосской черепахи оказалась иной. Когда-то обитавшая на острове Абингдон, она была истреблена проплывавшими мимо моряками и китобоями. Однако в 1972 году мир потрясла сенсация.

Были обнаружены живая особь и следы. Годы спустя также был найден помет, возраст которого не превышал нескольких лет. Возможно, и другие считающиеся вымершими черепахи таятся где-то в ожидании того дня, когда их заново откроют.

Мир вымершей черепахи

- Как черепаха миолания добралась из Австралии на небольшие острова в южной части Тихого океана, где она и обитала, остается загадкой, поскольку она не умела плавать.

Тур

Считающийся окончательно вымершим примерно в 1627 году, тур постоянно фигурировал в наскальной живописи наших доисторических предков, как вы можете увидеть на иллюстрации справа.

Примитивный тип дикого быка, тур был ростом примерно 2 м и имел очень длинные рога, достигавшие порой 80 см. Прямой предок крупного рогатого скота, разводимого в современной Европе, и испанских черных бойцовых быков, в Польше он дожил до XVII века. Здесь последний представитель этого вида умер в заповеднике, который был организован для его спасения.

ВИДЕННЫЙ ЦЕЗАРЕМ

В доисторические времена тур населял большую часть Европы и Азии и постоянно становился жертвой истребления. Позднее римский император Юлий Цезарь в своем труде «De Bello Gallico» (что в переводе с латинского означает «О Галльской войне») описал этих животных следующим образом:

«Они лишь чуть меньше слонов и являются родственниками быков. Они очень сильны и очень быстро бегают. Никто не может чувствовать себя в безопасности, когда они неподалеку.

Их невозможно приручить даже в очень раннем возрасте. Всякий убивший их в большом количестве гордо выставляет напоказ их рога как трофеи и пользуется глубоким уважением. Рога отличаются от рогов наших быков и пользуются большим спросом. Если окаймить их серебром, из них получаются замечательные кубки, используемые на торжественных пиршествах».

ВСТРЕТИВШИЙ ЖЕСТОКОЕ ОБРАЩЕНИЕ

Но не только во времена Римской империи охотились на туров. Из записей XVI века, принадлежащих Конраду Гесснеру, нам известно также, что в течение многих столетий их убивали с чрезвычайной жестокостью.

Вот что он пишет:

«Одно животное отделяют от стада, а затем его загоняет множество людей и собак, иногда в течение долгого времени. Тур падает, лишь пораженный в грудь. Пока он еще жив, срезается кожа между его рогами. Ее передают вместе с сердцем и сырым соленым мясом королю, который иногда посылает эти останки в подарок в другое королевство».

В недавнее время были предприняты попытки возродить тура, скрещивая между собой определенные типы крупного рогатого скота, но ни одна из них не была полностью успешной. Однако остается возможность осуществить этот замысел, используя ДНК тура.

> **КОРОТКИЙ ФАКТ**
>
> Туров убивали ради их мяса, которое употребляли в пищу, ради рогов, которые использовали для резьбы, и ради шкур, из которых изготавливали одежду.

ВРЕМЯ ОБИТАНИЯ: до 1627 года
РАЗМЕР: рост 2 м
АРЕАЛ: большая часть Европы и Азии
РАЦИОН: трава и другая растительность

ДРУГИЕ ДАННЫЕ: чрезвычайно сильный; очень длинные рога; жестоко истреблялся людьми; научное название Bos primigenius

Вымершие рыбы

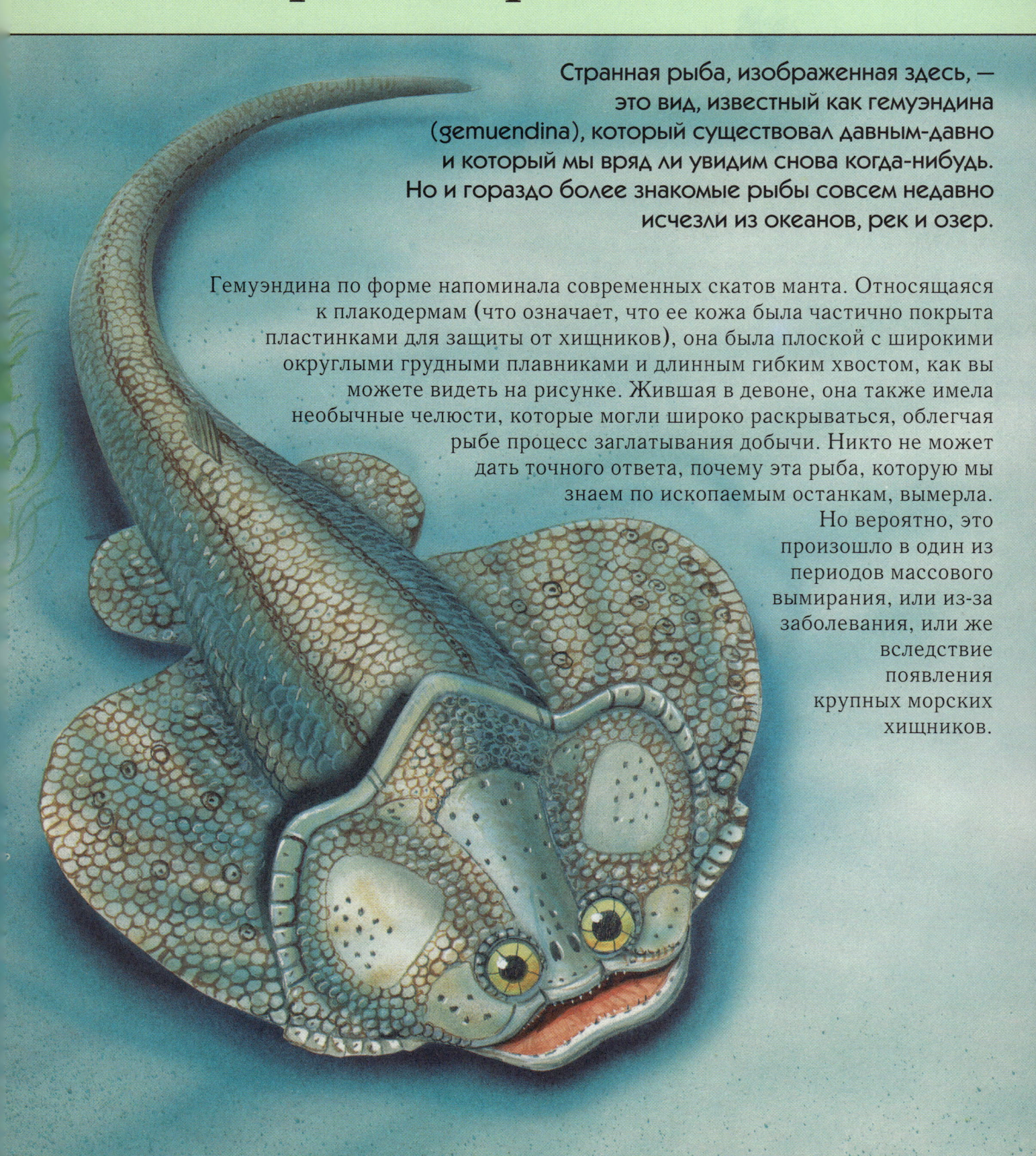

Странная рыба, изображенная здесь, — это вид, известный как гемуэндина (gemuendina), который существовал давным-давно и который мы вряд ли увидим снова когда-нибудь. Но и гораздо более знакомые рыбы совсем недавно исчезли из океанов, рек и озер.

Гемуэндина по форме напоминала современных скатов манта. Относящаяся к плакодермам (что означает, что ее кожа была частично покрыта пластинками для защиты от хищников), она была плоской с широкими округлыми грудными плавниками и длинным гибким хвостом, как вы можете видеть на рисунке. Жившая в девоне, она также имела необычные челюсти, которые могли широко раскрываться, облегчая рыбе процесс заглатывания добычи. Никто не может дать точного ответа, почему эта рыба, которую мы знаем по ископаемым останкам, вымерла. Но вероятно, это произошло в один из периодов массового вымирания, или из-за заболевания, или же вследствие появления крупных морских хищников.

ДАННЫЕ: к причинам, по которым некоторые рыбы вымерли в доисторические времена, относится эволюционирование в другие формы и возможное уничтожение огромными морскими хищниками; вымирание в наши дни может быть связано с такими факторами, как загрязнение морей, озер и рек, осушение некоторых водоемов, а также чрезмерный отлов.

ВЫЧЕРКНУТЬ ИЗ МЕНЮ!

Когда эта книга уже была подготовлена к печати, появилось газетное сообщение о том, что из-за все растущего пристрастия к супу из акульего плавника над этим морским хищником также нависла угроза исчезновения. Поэтому защитники природы выступили с требованием вычеркнуть это блюдо из меню в дорогих китайских ресторанах, где до сегодняшнего дня оно пользовалось большим спросом.

Исследования, проведенные группой «WildAid», показали, что ради плавников ежегодно вылавливается 100 000 000 акул и акулообразных рыб. Однако проблема эта главным образом финансовая. Спинной акулий плавник может стоить до $15 000 США, а некоторые очень богатые люди готовы платить и по $105 США за одну тарелку супа.

Как грустно думать, что мы можем навеки потерять акулу просто ради супа!

Кроме того, из вод Атлантического океана исчезает гораздо более доступная когда-то рыба, вследствие чего некоторые британские рестораны прекратили подавать треску, желая сохранить этот вид. По отчетам специалистов, морские резервы исчерпаны из-за хищнического отлова, и Комитет по рыбоводству Европейского Союза пришел к решению о необходимости принятия радикальных мер для сохранения этой рыбы.

Массовый отлов рыбы в Канадских морских провинциях также привел к резкому снижению ее численности. Кроме того, год за годом уменьшается количество пресноводной рыбы. В связи с загрязнением вод многие рыбы претерпевают разнообразные деформации. Мы должны стараться исправлять ситуацию, пока еще не поздно.

> **КОРОТКИЙ ФАКТ**
>
> Для определения того, действительно ли обнаруженная рыба принадлежит к виду, ошибочно объявленному вымершим, может быть использован генетический анализ.

Сфальсифицированный вид

Если кто-то возьмется утверждать, будто видел шакалопу, изображенную на этом рисунке, в наши дни или в прошлом, не принимайте это всерьез. Все очень просто — шакалопы не существует и никогда не было. Кто-то выдумал ее шутки ради.

В прошлом, и возможно, даже сегодня, случайно или пытаясь устроить сенсацию, палеонтологи и таксидермисты (набивщики чучел) иногда давали неверную информацию. «Изобретая» ложные виды и затем представляя публике их останки, они заставляли людей думать, будто то или иное животное когда-то существовало, но давно вымерло, хотя на самом деле это было лишь фикцией. К примеру, так называемая шакалопа, изображенная на этом рисунке, была придумана просто для развлечения путем присоединения оленьих рогов к останкам заячьей головы и туловища, которые затем были набиты.

ДАННЫЕ: иногда шутники вводили учёных в заблуждение, подделывая ископаемые останки, чтобы создать любопытные виды, которые никогда не существовали; но иногда учёные сами допускали ошибки при реконструкции вымерших животных, как это случилось с некоторыми из ранних обнаруженных динозавров.

ПИЛТДАУНСКИЙ ЧЕЛОВЕК

Другой широко известный пример — это пилтдаунский человек. В 1912 году была целая сенсация, когда палеонтологи якобы обнаружили окаменевший череп и зубы «недостающего звена» между человеком и обезьяной. Утверждалось даже, что они принадлежали самому древнему обитателю Англии, а возможно, даже Европы. Останки были извлечены из земли близ Пилтдауна, графство Эссекс, — вот как это существо получило своё название.

Долгое время даже среди академиков разгорались споры относительно того, как должен был выглядеть пилтдаунский человек. Утверждалось, что он был маленького роста и питался мясом слонов и носорогов.

Однако другие были настроены более скептически и считали, что останки фальшивые. Автор одной из журнальных статей даже зашёл так далеко, что заявил, что останки могли быть *«искусственно превращены в окаменелость и имплантированы в костеносный горизонт, чтобы обмануть учёных»*.

Как выяснилось, скептики были правы. Но лишь в 1953 году было установлено, что череп принадлежал человеку и что его возраст не более 500 лет! Всё было лишь мистификацией. Но и по сей день никто не знает, кто же всё это затеял. Был ли шутником Чарлз Доусон, археолог, нашедший череп, или его и бессчётное число остальных обманул кто-то ещё? Возможно. Это так навсегда и останется загадкой.

ЧЕЛОВЕК ИЛИ ЖИВОТНОЕ?

Иногда, однако, специалисты случайно допускают ошибки, и мы должны простить их. Загадочная, впервые изученная кость в VII веке, к примеру, считалась принадлежавшей великану. Она была зарисована, а затем утеряна.

Однако сегодня учёные склоняются к мнению, что это был нижний конец бедреной кости огромного динозавра, известного сегодня как мегалозавр. Когда учёные впервые составляли полный скелет плезиозавра, они также допустили грубую ошибку, поместив его крошечный череп на конец хвоста; а знаменитый палец-шип динозавра игуанодона был сначала принят за рог.

> **КОРОТКИЙ ФАКТ**
>
> Мистификаторы иногда оставляют следы вымышленных якобы вымерших животных. Но обычно специалистов не удаётся надолго ввести в заблуждение.

Мир сфальсифицированных видов

- Первое время считалось, что у динозавра цинтаозавра, найденного в Китае, был рог и что он выглядел как единорог, но этот «рог» оказался просто осколком кости.

Занесены

Все животные, размещенные по краю этих двух страниц, находятся сегодня под угрозой исчезновения. Их осталось так мало, что защитники природы опасаются за их будущее.

Международный союз охраны природы и природных ресурсов регулярно публикует так называемую Красную книгу. Цвет ее, вполне понятно, означает *Опасность*; в эту книгу занесены животные, быстро исчезающие с нашей планеты. Кто же они? И почему их выживание сегодня находится под знаком вопроса?

в Красную книгу

На некоторые из видов, с которыми вы познакомитесь, охотились люди и практически полностью истребили их — ради их мяса, из спортивного интереса, ради шкур или из тщеславия. В других случаях причиной становилось уничтожение естественной среды обитания. Но иногда вымирание является просто неотъемлемой частью жизни и эволюционных процессов. Ознакомившись с последним разделом этой книги, вы встретите многих удивительнейших существ — среди них гепард, флоридская пума, синий кит, орангутан, большая панда, очковый медведь, атлантический морж и японский журавль. Практически во всех случаях популяция снижается с каждым годом; но вы также узнаете, что все не так плохо. Читайте дальше, и вы поймете почему!

Большая панда

Китайцы называют большую панду «да ксьонь мао», что означает «большая медведекошка». Тысячи лет она почиталась китайцами, и ей приписывалась особая сила. Древние китайские императоры даже держали ее в своих дворцах как домашнее животное, чтобы отгонять несчастья.

Согласно оценкам специалистов, в дикой природе осталось не более 700 гигантских панд. Их естественная среда обитания в Китае включает влажные хвойные леса, где произрастает бамбук, молодые побеги, листья и стебли которого являются их основной пищей.

Как ни странно, но большой панде трудно переваривать бамбук. Поэтому большая часть поглощенной растительной массы быстро проходит через ее организм, и ей приходится поедать огромные количества этого растения, используя свои сильные челюсти, чтобы получить необходимое количество питательных веществ. Если бамбук оказывается единственным доступным источником пищи, панда может проводить за едой половину дня! В иных случаях в ее рацион входят различные травы и клубни, а порой и насекомые.

Такой объем потребляемой пищи позволяет взрослому медведю поддерживать средний вес тела на уровне 90 кг.

ДЕТЕНЫШИ

В неволе родилось очень мало медвежат, поэтому о размножении большой панды известно немного. Однако ученые считают, что мать обычно приносит лишь одного-двух детенышей, из которых, вероятно, выживает лишь один. Они крошечные — их вес при рождении составляет всего 100 г — и слепые до достижения шестинедельного возраста.

При рождении они чисто белые, но через месяц приобретают окраску взрослого медведя.

Эти медвежата настолько малы, что являются легкой добычей для хищников. Поэтому защита их ложится на плечи матери, вплоть до 18-месячного возраста. К этому времени медвежонок уже давно перестает сосать молоко матери, и она может готовиться к появлению на свет очередного детеныша. Пришло время расстаться с медвежонком, которому придется заботиться о себе самостоятельно.

Мир большой панды

- Впервые гигантские панды были описаны отцом Армандом Давидом в 1869 году, когда он обнаружил их в Китае. Обитают они исключительно во влажных тропических лесах трех китайских провинций: Сычуань, Ганьсу и Шэньси.

НАУЧНОЕ НАЗВАНИЕ: Ailuropoda melanoleuca
АРЕАЛ: хвойные леса Китая

ДАННЫЕ детеныши рождаются совершенно беззащитными; к другим опасностям, подстерегающим это редкое животное, относятся ловушки, поставленные на других животных, в которые тем не менее попадают панды; охота на них практически не ведется; сегодня является символом защитников природы

КОРОТКИЙ ФАКТ

Символ Всемирного фонда охраны природы — большая панда впервые стала известна западному миру в 1869 году.

Лемур ай-ай

НАУЧНОЕ НАЗВАНИЕ: Daubentonia madagascariensis
АРЕАЛ: леса Мадагаскара

ДАННЫЕ: снижение популяции, вызванное варварским уничтожением лесов, а также истреблением людьми из-за суеверий; выдающийся британский палеонтолог сэр Ричард Оуэн в 1866 году систематизировал как тип лемура

Лишь несколько бесценных ай-ай (руконожка мадагаскарская) осталось в природе, и живут они лишь в северо-восточных прибрежных лесах Мадагаскара, острова, лежащего неподалеку от берегов Африки.

Ученые считают, что к катастрофическому падению популяции ай-ай на острове привело уничтожение большей части мадагаскарских лесов в последней половине XX века. Но даже в момент их первого обнаружения, видимо, их уже можно было считать редкими. Мадагаскар был изолирован от континента, Африки, в течение многих миллионов лет, в результате чего на нем возникли во многом уникальные флора и фауна.

Светящиеся в темноте глаза этого ночного животного огромны и впечатляющи. К другим особенностям этого насекомоядного относятся его передние конечности, на каждой из которых имеется очень длинный и тонкий третий палец. Этот палец удобен для постукивания по деревьям в поисках живущих в древесине личинок жуков, любимого лакомства ай-ай.

Проделывая это, ай-ай также прислушивается своими высокочувствительными ушами, чтобы определить точное местоположение личинки. Затем он использует свои резцы, чтобы добраться до нее, после чего прибегает к помощи своего удлиненного пальца, чтобы ее вытащить.

Этот длинный палец ай-ай также использует для чистки своей шерсти, и во время этой процедуры свешивается с ветки, удерживаясь на ней задними конечностями. Но и это еще не все. Когда он пьет воду или молоко из кокосовых орехов, свой длинный палец он погружает в жидкость и использует в качестве своеобразного насоса для поднесения жидкости ко рту.

СУЕВЕРИЯ

Исследования показали, что люди, населяющие Мадагаскар (известные как млагасийцы), с давних пор испытывают к ай-ай страх, несмотря на то что он очень маленький и миловидный. Каким-то образом возникло поверье, будто это животное является реинкарнацией предков, или если увидишь его, то это означает приближение смерти. К счастью, по большей части эти суеверия забыты; но в прошлом местные жители убивали ай-ай просто из страха перед тем, что они якобы предвещали.

Мир руконожки мадагаскарской

- Когда ай-ай был впервые обнаружен в 1780 году французским натуралистом Пьером Соннера, он был отнесен к бельчьим. Лишь через восемь лет он был классифицирован правильно как тип лемура, родиной которого является Мадагаскар.

Ламантин

Несмотря на то, что ламантин находится под охраной закона, он по-прежнему беззащитен перед теми, кто продолжает убивать это большое и медлительное морское животное ради его мяса или шкуры, которая используется для изготовления прочной кожи.

Существует три основных типа ламантина. Как ясно из названия, амазонская разновидность обитает в озерах и реках бассейна Амазонки, в Южной Америке. Западноафриканская, а также карибская и североамериканская разновидности живут на мелководье около берегов и в устьях рек, находящихся на территории этих регионов.

Шестьдесят лет назад в водах, омывающих одну лишь Флориду, было примерно 10 000 ламантинов.

В начале 2001 года по результатам аэронаблюдения, произведенного флоридским Институтом изучения моря, в данном районе осталось примерно 3 270 ламантинов. Однако эта цифра не столь тревожна, так как, видимо, все же удалось остановить стремительное падение численности ламантинов, наблюдавшееся прежде.

КУРС НА СТОЛКНОВЕНИЕ

Мало того что их истребляют люди — ламантины часто попадают под моторы катеров, возможно, вследствие того, что, по мнению ученых, у них слабое зрение. Однако не вполне понятно, как им удается находить дорогу в темноте или в мутной воде. Иногда они заплывают очень далеко за пределы своего ареала. Длительное воздействие холодных фронтов, вероятно, непривычных для обитателей теплых вод, также может быть опасно для этого морского животного. Очень низкая скорость размножения этого животного также не способствует сохранению вида.

В среднем взрослый ламантин достигает примерно 3 м в длину и обладает крепкой мускулатурой. Его кожа толстая и прочная, хотя эксперименты показали, что он реагирует на прикосновение и щекотку.

Вес этих животных варьируется от 454 до 1 360 кг.

Большую часть времени ламантины проводят за едой и, как все травоядные, способны ежедневно поглощать до одной десятой веса собственного тела.

Мир ламантина

- Детеныши ламантинов рождаются очень крупными, и их вес при рождении может достигать 18 кг.

- Как и все млекопитающие, ламантины выкармливают своих детенышей молоком до того времени, когда они начинают кормиться самостоятельно. В первый год жизни их вес увеличивается почти в 20 раз! Если бы люди росли так же быстро, к первому дню рождения они набирали бы 70 кг!

НАУЧНОЕ НАЗВАНИЕ: Trichechus manatus/senegalensis
АРЕАЛ: Северная Америка, Вест-Индия и Западная Африка, а также бассейн реки Амазонки, Южная Америка

ДАННЫЕ: падение популяции вследствие охоты; иногда происходит столкновение с водными транспортными средствами; опасность также представляет воздействие холодных фронтов

ЗАМЕЧАТЕЛЬНАЯ ИДЕЯ

Защитники природы во всем мире делают все возможное для охраны любых животных, находящихся под угрозой исчезновения; но их усилия требуют значительной материальной базы, тогда как правительственная помощь зачастую не соответствует поставленной задаче. Вот почему создается множество благотворительных фондов для поддержки природоохранной деятельности.

Одним из таких примеров является клуб «Спасите ламантина», который предлагает членство всем желающим, с тем чтобы собрать средства на спасение этого вида.

КОРОТКИЙ ФАКТ

Ламантины способны общаться при помощи звуков, и на пленку были записаны их писк и крики.

Более подробную информацию вы можете найти в Интернете. Был внедрен один замечательный метод: за небольшую плату в День Всех Влюбленных, 14 февраля, предлагалось выбрать возлюбленным ламантина.

Калифорнийский кондор

Если все пойдет по плану, эта действительно крупная птица может вскоре снова украсить небо над западным побережьем Северной Америки.

Представьте себе такую сцену. Калифорнийский кондор величественно парит над небольшим городком. Некоторое время все спокойно. Но в любой момент может воцариться паника — ведь это 1849 год, самый разгар калифорнийской золотой лихорадки. Тысячи людей приехали на западное побережье Америки попытать счастья, привезя с собой оружие и яд.

Всегда заботящиеся о том, как бы набить свой карман, поселенцы использовали свои ружья, чтобы стрелять по этим гигантским птицам в надежде продать их чучела музеям.

Кроме того, они используют яд, чтобы убивать койотов, диких собак, бродящих в округе. Но кондоры иногда ловят койотов и отравляются в свою очередь.

Они страдают и от попадания в их организм свинца, вылетевшего из ружей охотников и не попавшего в оленей. Поселенцы также уничтожают других мелких животных, и со временем для кондора остается все меньше и меньше добычи. Неудивительно, что эта великолепная птица становилась все более и более редкой. Что еще более усугубляло положение, брачный сезон наступал у нее лишь раз в два года — и в результате к середине 1970-х годов, по подсчетам специалистов, в природе осталось лишь 50 кондоров.

КОРОТКИЙ ФАКТ

Взрослая птица имеет невероятный размах крыльев — 2,7 м и весит примерно 10 кг.

НАУЧНОЕ НАЗВАНИЕ: Gymnogyps californianus
АРЕАЛ: Северная Америка

ДАННЫЕ: огромный размах крыльев; когда-то велся массовый отстрел для музейных коллекций; падение популяции вызывалось также тем, что кондоры поедали мясо койотов, отравленное охотниками; в 1970-х в природе оставалось лишь 50 особей; является охраняемым видом

Многие из них были стары и ослаблены. Специалисты осознали, что, если немедленно не предпринять каких-либо мер, калифорнийский кондор полностью исчезнет. Поэтому из одного из последних оставшихся гнезд были изъяты яйца. Из них в зоопарке Сан-Диего, США, были выведены и выращены птенцы. Выпущенные на свободу, они, если оправдаются надежды, продолжат вид, и его популяция будет постепенно расти. Возможно, калифорнийский кондор все же снова воспарит в небе над Америкой!

Черный носорог

По данным Международного фонда носорогов к 1992 году за 20 лет вымерло 96% популяции черного носорога. Улучшилась ли ситуация с тех пор?

Черный носорог — огромное животное, весящее до 1,5 тонны — это вес примерно 20 взрослых мужчин. От плечевого сустава его рост около 1,5 м. Однако он меньше, чем белый, или широкогубый, носорог.

Известный своими двумя массивными рогами, самый большой рог он выставляет напоказ спереди; меньший растет сразу за ним, как вы можете видеть на иллюстрации на соседней странице.

Именно за этими рогами, имеющимися у обоих полов, вот уже очень давно со слепой алчностью охотятся браконьеры, поскольку их якобы возбуждающие свойства вызвали высокий международный спрос. Несмотря на то, что охота на этих животных запрещена законом, браконьерство все же иногда имеет место.

Однако никем никогда не было доказано, что рога носорога действительно обладают такими свойствами. Поэтому трудно объяснить, почему люди продолжают верить в это.

СВИРЕПОЕ ЖИВОТНОЕ

Белый носорог, несмотря на свои размеры, обладает мягким характером. А вот черный носорог может быть очень агрессивным. Он очень вспыльчивый, и если вы потревожите его, велика вероятность, что он стремительно бросится на вас. Однако он очень близорук. Так как же он мог бы узнать, что вы находитесь рядом? Он мог бы уловить ваш запах. Кроме того, птицы, питающиеся клещами на спине носорога, могли бы помочь ему и отплатить за гостеприимство, предупредив тревожными криками о вашем приближении.

Мир черного носорога

- Научное название черного носорога Diceros bicornis. Первая часть его названия, Di, происходит от греческого слова, означающего «два», а вторая часть, ceros, означает «рог».

- В 1960 году в Африке обитало между 11 000 и 13 500 черных носорогов. Сегодня их лишь около 2 700.

НАУЧНОЕ НАЗВАНИЕ: Diceros bicornis
АРЕАЛ: Африка
ДАННЫЕ: большое количество погибло во время сильной засухи; иногда на них охотятся ради шкур, а также ради мяса; многие были отобраны для образования сельскохозяйственных поселений в 1940-х годах; находятся под реальной угрозой исчезновения в своей естественной среде обитания и в заповедниках

Олень Давида

В 1939 году был застрелен последний олень Давида, или милу, из существовавших тогда в Китае в диком виде. Однако это животное было спасено от исчезновения, поскольку император XIX века держал стадо этих оленей в своем парке, расположенном к югу от Пекина. Несколько особей было отправлено для разведения в Европу.

Первым этого оленя открыл французский миссионер отец Давид, в честь которого и был назван вид, когда в 1865 году он заглянул в личный парк императора. Император подарил нескольких оленей французскому послу, и еще несколько были посланы в Англию и в Германию. Это оказалось очень кстати, поскольку в 1895 году большая часть императорского стада погибла во время сильного наводнения; уцелевшие же после стихийного бедствия животные были убиты и съедены голодающим населением.

Позднее восемнадцать оленей, находившихся в Европе, переслали в парк герцога Бедфордского «Вобурн Аббей». Несмотря на многочисленные трудности, выпавшие во время войны, один самец и пять самок успешно размножались, и в конце концов оленей оказалось сотни. Через некоторое время какое-то количество было отвезено в Китай и выпущено в том самом месте, где раньше находился императорский парк, — вот история со счастливым концом и хороший пример сохранения вида.

НАУЧНОЕ НАЗВАНИЕ: Elaphurus davidianus
АРЕАЛ: изначально Китай
ДАННЫЕ: разразилось стихийное бедствие, а затем олени, спасшиеся от наводнения, были убиты голодающими крестьянами; численность резко снизилась, и к 1921 году в Китае этот олень вымер; но раньше в Англию было выслано резервное стадо; некоторых особей вернули в Китай, хотя этот вид по-прежнему является редким.

Оленя Давида (известного также под научным названием Elaphurus davidianus) по-прежнему можно увидеть в парке «Вобурн» в имении герцога Бедфордского, Южная Англия. Питаются они преимущественно травой и при возможности водными растениями. Но что действительно отличает их от других типов оленей, это более длинный хвост, украшенный кисточкой, а также то, что иногда у этого оленя за один год происходит две смены рогов.

Перед рождением потомства, во время брачного сезона, самцы сражаются друг с другом за самок, вставая на дыбы и пуская в ход как рога, так и зубы.

Однако все это лишь видимость и попытка доказать, кто из самцов сильнее. Самки обычно производят на свет лишь одного детеныша в апреле или мае. Оленята достигают зрелого взраста к 14 месяцам.

Мир оленя Давида

- Известно, что этот олень является хорошим пловцом, проводящим в воде в летние месяцы продолжительное время.
- Все олени Давида, существующие в наши дни, видимо, произошли от тех оленей, которых разводили в «Вобурн Аббей», Англия.

Лошадь Пржевальского

Сегодня существующее лишь в неволе, это редкое животное было обнаружено в конце XIX века полковником Н. М. Пржевальским, в честь которого и было названо. Но есть планы по выпуску этой лошади в места ее былого обитания, а именно в монгольские степи.

Называемая по-монгольски «такх», лошадь Пржевальского имеет лишь 135 см в холке и является единственной существующей сегодня дикой лошадью. Более тысячи экземпляров живет в неволе в различных частях света.

Отличительными особенностями этой лошади являются прямостоячая грива, отчетливо изображенная на иллюстрации ниже, длинные уши и хвост, как у осла: внизу волосы длиннее, чем вверху. В природе они всегда жили группами, достигавшими 20 особей.

Мир лошади Пржевальского

- Фонд сохранения и защиты лошади Пржевальского был организован в 1977 году в Нидерландах и поставил себе целью вернуть этот исчезающий вид в евразийские степи. Он тесно сотрудничает с монгольской ассоциацией охраны природы и окружающей среды. А пока что эти лошади обитают в зоопарках.

НАУЧНОЕ НАЗВАНИЕ: Equus przewalskii
АРЕАЛ: монгольские равнины
ДАННЫЕ: единственная уцелевшая дикая лошадь; снижение популяции было частично вызвано суровыми погодными условиями; также этому способствовали истребление человеком, который употреблял мясо этих животных в пищу, и межвидовое скрещивание; некоторые особи успешно размножались в зоопарках и национальных парках, и в дальнейшем планируется их возвращение в дикую природу

Эти группы, или стада, были двух видов. Первым была семейная группа, в которую входили самец, возможно, две самки и их потомство. Вторым типом была группа, в которую входили только жеребцы.

Исчезновению лошади Пржевальского из дикой природы ученые дают несколько объяснений. Отчасти этому могли способствовать суровые погодные условия. Но эта лошадь могла также скрещиваться с одомашненными монгольскими пони. Кроме того, практически достоверно известно, что в течение некоторого времени на эту лошадь охотился человек, употребляя ее мясо в пищу. Также, без сомнения, стада этих лошадей встречали конкурентов в лице других животных, которые оспаривали у них пастбища.

ЛИНЬКА

Летом шкура лошади Пржевальского светлеет и приобретает практически бледно-желтый оттенок, а нижняя часть тела становится белой. Однако зимой шерсть становится более густой и темной, приобретая желто-коричневый цвет. Считается, что это уцелевший предок современных одомашненных лошадей; было обнаружено несколько схожих окаменелых скелетов, датируемых верхним плейстоценом. В течение продолжительного времени численность вольерной группы существенно превышала численность дикой; но борцы за спасение этого вида делают все возможное, чтобы изменить сложившуюся ситуацию.

КОРОТКИЙ ФАКТ

На ровной местности лошадь Пржевальского способна развивать огромную скорость и на природе питается преимущественно жесткими травами.

Очковый медведь

Нетрудно догадаться, как этот тип медведя, родиной которого являются несколько стран Южной Америки, получил свое название. Взгляните на участки вокруг глаз этой белолицей матери с медвежонком. Теперь дайте волю своему воображению. Кажется, что оба они носят очки, не правда ли?

«Очки» вокруг глаз этого вида медведя отличаются по форме у различных особей. Никто не знает точно, почему это так, но возможно, что это помогает одному очковому медведю узнавать другого. Однако на сегодняшний момент печальным фактом является то, что в природе осталось менее 2 000 этих медведей.

Снижению популяции очкового медведя способствовали охота и уничтожение естественной среды обитания, но План сохранения очкового медведя ставит целью исправить существующую на данный момент ситуацию; и этот медведь уже находится под защитой международного закона. Но для успеха дела требуется принимать незамедлительные действия.

Основным местом обитания очкового медведя (известного также под научным названием Tremarctos ornatus) являются влажные тропические леса таких южноамериканских стран, как Перу, Боливия, Эквадор, Колумбия и Венесуэла, а также нижний ярус Анд. Эти леса широко вырубались ради освобождения земель под сельскохозяйственные нужды.

> ## Мир очкового медведя
> - Большую часть дня очковые медведи спят, выходя лишь по ночам.

НАУЧНОЕ НАЗВАНИЕ: Tremarctos ornatus
АРЕАЛ: Южная Америка
ДАННЫЕ: произошел от вымерших медведей, живших в последний Ледниковый период; единственный медведь в Южной Америке; основным фактором, приведшим с снижению численности этого медведя, является уничтожение естественной среды обитания; на него охотятся ради его внутренних органов и шкуры

Очковый медведь является одним из самых крупных животных Южной Америки. При весе примерно 125 кг его рост составляет примерно 0,75 м, когда он стоит на четырех конечностях; от других медведей он отличается тем, что имеет 14 пар ребер, на одну пару меньше, чем у остальных.

Как вы можете увидеть на иллюстрации, у этого медведя косматая шерсть, толстое тело и маленькие остроконечные уши. Питается он преимущественно фруктами и растениями, но иногда насекомыми и мелкими грызунами или птицами.

Новорожденный детеныш очкового медведя очень маленький и может весить всего 500 г. Обычно одновременно рождается лишь один или два в период от ноября до февраля.

КОРОТКИЙ ФАКТ

Очковых медведей иногда убивают браконьеры, и некоторые их органы используются без всякой пользы в качестве якобы лекарственных средств.

Суматранский носорог

Самый маленький из существующих носорогов, суматранский носорог также является одним из самых редких носорогов, обитающим в очень небольших количествах во влажных джунглях Бирмы, Малазии, Борнео и Суматры, конечно же. По-прежнему истребляемый ради рогов, несмотря на то, что это запрещено законом, он пострадал также от уничтожения естественной среды обитания.

КОРОТКИЙ ФАКТ

Рога, шкура, кровь, кости и моча этого носорога долгое время считались у некоторых народов средствами, возбуждающими половое влечение.

НАУЧНОЕ НАЗВАНИЕ: Dedernocerus sumatransis
АРЕАЛ: влажные джунгли Юго-Восточной Азии
ДАННЫЕ: главной причиной снижения популяции является уничтожение естественной среды обитания; кроме того, на этого носорога охотились ради его рогов и шкуры; находится под защитой закона, но его туши продолжают приносить браконьерам огромный доход

Современная статистика показывает, что в природе осталось, по-видимому, лишь несколько сот суматранских носорогов — очень незначительная и тревожащая цифра. За 10 лет популяция снизилась на 50 процентов. Поэтому, если не будет предпринято никаких мер для скорейшего увеличения популяции, возможно, что в следующем издании этой книги это удивительное животное будет значиться в разделе вымерших видов. Как это было бы печально!

Научное название суматранского носорога Dedernocerus sumatransis; он известен тем, что очень любит плескаться в реках. Это замечательный пловец.

БЕЗЖАЛОСТНЫЕ БРАКОНЬЕРЫ

В прошлом законы, пытавшиеся защитить этого носорога, оказывались бессильными во многих районах. Браконьерам запрещалось убивать это животное. Однако торговля частями его тела не преследовалась по закону. Поэтому браконьеры готовы были идти на большой риск ради огромных сумм денег, которые можно было получить за целую тушу или маленькие рога суматранского носорога.

Суматранский носорог является исключительно травоядным, питающимся преимущественно бамбуком, фигами и другими фруктами и растениями. За один день ему требуется поглощать огромное количество пищи — около 5 кг. (Что является приблизительным эквивалентом 240 больших вегетарианских гамбургеров!)

Пугливое и гораздо более добродушное животное, чем некоторые другие виды носорогов, суматранский носорог (известный также как азиатский двурогий) большей частью ведет одиночный образ жизни, объединяясь лишь для спаривания.

Другой вид азиатского носорога, яванский носорог, также оказался под угрозой исчезновения, по тем же причинам, что и суматранский, однако рог и кровь яванского носорога всегда ценились еще больше. Когда-то этот однорогий носорог обитал также в Таиланде, Вьетнаме, Лаосе и некоторых районах Индии и Китая, но сегодня его ареал ограничен лишь Явой и Вьетнамом. Согласно статистическим данным 2000-го года, в природе в обоих местах обитания осталось лишь 68 яванских носорогов и ни одного в зоопарках.

Мир суматранского носорога

- Сегодня 1 кг рога носорога стоит в Юго-Восточной Азии около $60 000 США. Основные покупатели приезжают с Тайваня, а также с материка — из Китая и из Южной Кореи.

- Для спасения вида была разработана глобальная программа по разведению этих животных в неволе.

Тигр

Это восхитительное животное, находящееся на грани исчезновения, люди убивали не только ради выгоды, но и потому, что они боялись возможного нападения.

Это огромное яркое животное, легко распознаваемое по полосам, вероятно, преследовалось людьми со времен каменного века. Некоторые тигры убивали домашний скот, бывали и человеческие жертвы. Но оправдывает ли это тот факт, что в совсем недавнее время, прежде чем они стали более или менее защищенными, их убивали просто из спортивного интереса? Охотникам за трофеями нужны были их шкуры, которые потом гордо выставлялись на всеобщее обозрение. К счастью, ситуация коренным образом изменилась, и теперь большинство сознательных людей повергла бы в ужас одна мысль о том, чтобы убить тигра просто ради того, чтобы похвалиться его головой.

Снижению популяции многих типов этих животных, среди которых китайская, туранская, суматранская и уссурийская (амурская) разновидности, также способствовало уничтожение его естественной среды обитания ради освобождения земель под сельскохозяйственные нужды. Охота также привела к уничтожению их основных источников питания.

ВОЛШЕБНОЕ ИСЦЕЛЕНИЕ?

Одной из причин того, что китайский тигр стал столь редким, является то, что на него охотились ради многих частей его тела, пребывая в уверенности, будто они избавляют от многих недугов.

Однако это не было доказано. Возникла также дополнительная проблема. Нечестные торговцы подменяли внутренние органы тигра органами других редких животных, в результате чего под угрозой оказалось также выживание других диких кошачьих.

Согласно одному очень сомнительному поверью, если вы будете носить в кармане любую часть тела тигра, это придаст вам смелости или защитит от пули.

Как ни странно, большим деликатесом является также пенис тигра, за который платят большие деньги.

Как же трудно понять, что кто-то может быть настолько жесток, чтобы убивать столь редкое и красивое животное, руководствуясь такими несерьезными соображениями!

По всей видимости, в мире осталось лишь несколько тысяч тигров в природе и в зоопарках. Но panthera tigris (научное название этого животного) является главным объектом заботы таких организаций, как «Спасем тигра», которые проводят работу по сбору средств на защиту этих замечательных животных от гибели, которая в ином случае неминуемо ожидает их.

> **КОРОТКИЙ ФАКТ**
>
> Самым крупным и сильным из всех разновидностей является уссурийский, или амурский, тигр. Из всех тигров он также обладает самой длинной шерстью.

НАУЧНОЕ НАЗВАНИЕ: Panthera tigris
АРЕАЛ: наиболее редки в Китае и Сибири
ДАННЫЕ: исчезновение вызывается уничтожением лесов — естественной среды обитания; кроме того, вина лежит на людях, слепо уничтожающих это животное; охота ведется ради шкуры и частей тела, считающихся лечебными; проблемой также является ухудшение кормовой базы тигра

Гепард

Бег гепарда поистине невероятен. За считанные секунды он способен развивать скорость до 110 км/ч. Один прыжок может достигать 8 м в длину; и время от времени на бегу он полностью отрывается от земли, именно так, как показано на этой иллюстрации.

Желто-коричневого окраса с круглыми черными отметинами, гепард достигает 120 см в длину и обладает длинным очень толстым хвостом, который держит вертикально позади себя, пересекая на огромной скорости просторы своей родины, Африки.

РОНЯЮЩИЙ СЛЕЗЫ?
Возможно, вы заметили, что частью узора гепарда являются черные отметины, идущие от глаз по бокам носа вниз ко рту. Это придает животному такой вид, словно оно роняет слезы по поводу своей гибели!

Когда-то гепард обитал также в Азии, но здесь осталось лишь несколько особей. Почему, однако, численность упала, так катастрофически сократившись до 13 000 особей во всем мире? Опять же, причиной является браконьерство и разрушение естественной среды обитания. Кроме того, гепарды плохо размножаются в неволе.

КОРОТКИЙ ФАКТ
На рисунке в одном из египетских захоронений, возраст которого исчисляется тысячелетиями, изображен мужчина в гепардовой шкуре, являющейся признаком его богатства.

НАУЧНОЕ НАЗВАНИЕ: Acinonyx jubatus
АРЕАЛ: Африка
ДАННЫЕ: самое быстрое животное на этой планете; изящный узор на шкуре; находится на грани исчезновения; главной причиной снижения численности является охота ради шкур; в своей естественной среде обитания также становится добычей львов и леопардов; плохо размножается в неволе

Мир гепарда

- Самая большая популяция гепардов в мире обитает в Намибии, Южная Африка.
- За последние 100 лет популяция гепардов катастрофически упала со 100 000 когда-то существовавших особей.

НА ОХОТЕ

Свою добычу — антилоп и африканских кабанов (бородавочников), к примеру, — гепард настигает, осторожно подкравшись и затем преследуя ее. Затем он обычно хватает ее за горло. Но и у гепардов также есть враги, такие как львы и леопарды.

ВЕЛИКАЯ МИССИЯ

Фонд сохранения гепарда, имеющий штаб-квартиру в Намибии, ставит целью выработать методику спасения этого зверя и провести ее в жизнь; он сотрудничает с другими странами, такими как Ботсвана, Зимбабве, Кения, Танзания и ЮАР, где популяция гепардов несколько меньше. Работники этого фонда также проводят образовательную работу с детьми и фермерами и приглашают для участия в данной программе квалифицированных добровольцев.

Природа придумала замечательный способ защиты детенышей гепарда от хищников. Когда они только рождаются, вдоль спины у них имеются длинные волосы, которые позднее исчезают. Ученые считают, что назначением этих волос является маскировка котят в траве — другие хищники даже не замечают их.

Хотя это и самый быстрый охотник в Африке, гепард может оказаться не в состоянии избежать дальнейшего быстрого снижения популяции без помощи таких неравнодушных и преданных своему делу ученых в борьбе за выживание.

Синий кит

Самое крупное млекопитающее из всех когда-либо живших на Земле и, без сомнения, самое большое из живущих ныне, синий, или голубой, кит может достигать в длину 26 м. На данный момент в мировых океанах осталось, вероятно, лишь 11 000 этих огромных животных, и потому охота на этого кита теперь запрещена.

Получивший свое название за синеватый цвет, как вы могли догадаться, этот кит питается преимущественно летом, когда он может поглощать тонны планктона — состоящего из многих миллионов мелких ракообразных — за один день.

Как и все усатые киты («фильтровальщики»), синий кит не имеет зубов. Вместо этого у него имеются сотни особых бахромчатых пластин (китовый ус), используемых для процеживания пищи. Кроме того, у него самый огромный в мире язык, величиной с автомобиль. Только представьте себе это!

Когда-то защитой голубому киту служил сам его гигантский размер. Охота была попросту невозможна. Но с изобретением примерно в середине XIX века гарпуна его численность начала резко падать. Каждая туша приносила большие деньги благодаря содержащемуся в ней огромному количеству жира.

Проблема заключалась в том, что многие голубые киты жили в водах, не принадлежавших какой-либо конкретной стране. Поэтому ни на кого не падала ответственность, и в течение многих лет для китобоев не было никаких ограничений. Насколько лучше было бы, если бы тогда, в те далекие времена, многие нации, населяющие мир, пришли бы к соглашению о том, что эти воды принадлежат всем и что все, следовательно, должны спасать голубого кита.

НАУЧНОЕ НАЗВАНИЕ: Balaenoptera musculus
АРЕАЛ: мировые океаны
ДАННЫЕ: может развивать высокую скорость; самое крупное современное млекопитающее; в прошлом подвергался массовому уничтожению ради жира и мяса; даже несмотря на то, что сегодня находится под защитой, так как большинство стран запретили охоту на это животное в своих территориальных водах, браконьеры по-прежнему преследуют его в нейтральных водах

В 1930—1931 годах ради жира, мяса и костей, шедших на изготовление костной муки, было убито 29 400 голубых китов. Сегодня осталось меньше половины этой цифры.

Известный также под научным названием Balaenoptera musculus, голубой кит обычно живет в одиночестве или парами, но иногда поступали сообщения о небольших группах, насчитывавших до пятидесяти особей.

ОГРОМНЫЕ МАЛЮТКИ

Голубые киты обитают как в северном, так и в южном полушарии и спариваются зимой. Через двенадцать месяцев рождается один детеныш, вес которого просто фантастический — 3 тонны. Трудно также поверить, что новорожденный голубой кит имеет длину тела до 8 м! Видимо, матери трудно вырабатывать достаточно молока для своих детенышей.

Но рождаемость низка, и самки дают жизнь лишь одному детенышу каждые два-три года.

ПЛАВУЧИЕ ТЕЛА

Если бы животное размером со взрослого кита обитало на суше, ему потребовались бы самые толстые кости, какие только можно себе представить, для того чтобы поддерживать его огромный вес. В море же тело поддерживается водой, и потому отсутствие массивных костей не имеет значения.

Внимательно посмотрите на иллюстрацию на этом развороте, и вы увидите, каким обтекаемым является тело голубого кита, несмотря на размеры. Голова уплощенная, а туловище обычно гладкое — лишь иногда к его бокам прилипают рыбы-присоски.

Голубой кит на удивление хороший пловец, способный развивать фантастическую скорость, несмотря на свой размер. Если его потревожить, он даже может плыть с разрешенной в городе скоростью автомобиля.

КОРОТКИЙ ФАКТ

К другим китам, находящимся на грани исчезновения, относятся кашалот, серый кит, горбатый кит (горбач) и финвал.

Дикий бактриан

Как ни печально, последние статистические данные свидетельствуют о том, что на планете, вероятно, осталась лишь одна тысяча диких бактрианов (двугорбых верблюдов).

В Монголии и Китае дикому бактриану, одному из редчайших видов в мире, грозит множество опасностей. В Монголии на них часто нападают волки, а в Китае на них часто охотятся браконьеры, ради их мяса или же просто из спортивного интереса.

Нам остается лишь надеяться на то, что деятельность защитников природы со временем принесет свои плоды и спасет эти корабли пустыни. Бактрианы — удивительные животные. Это травоядные; и хотя они предпочитают траву и зеленые побеги, они также могут выжить на сухом корме, если он является единственно доступным. В этом случае жир, запасенный в двух огромных горбах, обеспечит достаточное количество питательных веществ и воды на очень длительный период.

Это очень быстрое животное — была зафиксирована скорость 65 км/ч, — а также чрезвычайно сильное. Оно может перевозить очень тяжелые грузы, до 270 кг, и преодолевать большие расстояния, не испытывая усталости. Кроме того, бактрианы легко взбираются в горы.

Они способны выживать в широком температурном диапазоне и обладают способностью закрывать ноздри во время песчаных бурь, так что их дыхание и обоняние не нарушаются. Очень длинные ресницы также защищают во время песчаных бурь их весьма зоркие глаза. При наступлении особо жаркого лета те немногие бактрианы, которые уцелели на сегодняшний день, поднимаются в горы на большую высоту; зимой же они снова спускаются в пустыни. Летом густая шерсть защищает их от палящего солнца, тогда как зимой она же удерживает тепло. Живут они преимущественно небольшими группами до 30 животных, вожаком которых является взрослый самец, но некоторые ведут одиночный браз жизни.

ЛЮБИТЕЛИ ВЫПИТЬ

Какие же еще важные особенности имеются у этих верблюдов? Одной необычной чертой является то, что, несмотря на способность месяцами жить без воды, если им удается найти ее, они способны выпить целых 57 литров за раз! Подталкиваемые необходимостью, они также выработали способность пить солоноватую воду, к которой никогда не подойдет практически ни одно другое животное. Если их горбы стоят вертикально и они упруги, это обычно указывает на то, что верблюды получили хорошее питание. Если горбы заваливаются на бок, это указывает на голодание.

> **КОРОТКИЙ ФАКТ**
>
> Самый простой способ запомнить, что у бактриана два горба, — это перевернуть букву, с которой начинается его латинское название, B, на бок, и перед вами окажутся два горба!

НАУЧНОЕ НАЗВАНИЕ: Camelus bactrianus ferus
АРЕАЛ: Монголия и Китай
ДАННЫЕ: истреблялся в течение столетий ради мяса и шкур; также отлавливался для использования в качестве вьючного животного; снижение численности вызвано также конкурентной борьбой за источники воды; находится на грани исчезновения; не размножается в неволе; сегодня этот вид находится под защитой закона

Снижение популяции дикого бактриана вызвано многими причинами. В течение многих лет его безжалостно истребляли охотники, и его мясо употрелялось в пищу, а шкура использовалась для изготовления одежды. Иногда их доили. Верблюжье молоко считается очень питательным и менее жирным, чем коровье.

Когда-то был широко распространен отлов молодых бактрианов для приручения и использования в качестве вьючных животных.

К концу XIX века в пустыне Гоби иногда видели сотни этих верблюдов, но вскоре этот вид стал редким.

Насколько известно, в неволе не родилось ни одного дикого бактриана, поэтому, по-видимому, не имеет смысла помещать их в зоопарки. Однако в Великобритании был организован Фонд защиты дикого верблюда, тесно сотрудничающий с такой же организацией в Китае.

Американские консервационисты также способствуют созданию страховочной группы в заповеднике Лоп Нор, Китай. Все эти организации ищут дополнительных источников финансирования своей деятельности.

Для спасения дикого бактриана от вымирания сегодня делается все возможное. Но время идет, и никто не может быть уверен в том, что достаточное финансирование способно гарантировать увеличение численности уцелевших в наше время особей. Какой было бы трагедией, если бы это величественное животное полностью вымерло!

Мир двугорбого верблюда

- Одомашненный бактриан был когда-то единственным средством передвижения по знаменитому торговому пути, известному как Шелковый Путь.

- Бактрия, от назвавания которой произошло слово «бактриан», была одной из провинций Древнеперсидской империи.

Аравийский орикс

Консервационисты объявили джип одним из главных врагов аравийского, или белого, орикса, поскольку эти машины зачастую везли веселые компании, отправлявшиеся на охоту просто ради удовольствия убивать.

Основной чертой аравийского орикса являются его два слегка изогнутых рога. Несмотря на то, что у орикса два таких рога, именно он породил легенду о единороге, животном с телом лошади и одним спиральным рогом.

С этой антилопой связаны также и другие предания. К примеру, бедуины верили, что всякий поймавший орикса обязательно завладеет его силой. Также широко ценились его рога; кроме того, на него охотились ради мяса и шкуры. Поймав или застрелив орикса, браконьеры даже завоевывали себе почет.

НАУЧНОЕ НАЗВАНИЕ: Oryx leucoryx
АРЕАЛ: на сегодняшний день лишь Оман
ДАННЫЕ: браконьерство является главной причиной исчезновения вида из дикой природы; это животное убивали из спортивного интереса; охота продолжается и сегодня, несмотря на проводимую программу по сохранению вида, известную под названием операция «Орикс», в результате которой вид был возвращен в природу

Описывая охоту на орикса в книге «Взгляд на исчезающие виды», автор Ли Мэрриам Тэлбот написал:

«Автоматы используются гораздо чаще, чем винтовки, и зачастую животных преследуют, пока они не падают от усталости, и тогда слуги перерезают им горло. Вряд ли какое-либо животное способно уцелеть после такой охоты».

Но джипы иногда преследовали целые стада этой антилопы ради науки — с тем чтобы больше узнать об образе жизни и повадках этого красивого животного. К примеру, одна группа исследователей выслеживала стадо в течение 18 часов и обнаружила, что за это время животные переместились на целых 93 км.

Когда-то белый орикс обитал на всей территории Аравийского полуострова, а также в областях, сегодня образующих Иорданию и Израиль. Но в 1972 году был убит последний из диких ориксов. Можно представить, какому массовому отстрелу подверглось это животное, если его популяция определялась одной особью.

Тэлбот, однако, увидел единственно верное решение. По его мнению:

«Единственный способ обеспечить выживание этого интересного вида — это переместить несколько особей в безопасное место.

Это следует сделать как можно скорее, или же можно будет не найти достаточно животных».

> **КОРОТКИЙ ФАКТ**
>
> Аравийский орикс всегда обладал способностью чувствовать дождь даже на большом расстоянии и двигался в этом направлении в поисках пастбищ.

ПУСТЫННЫЙ ЗАПОВЕДНИК

В результате операции «Орикс», начатой в 1962 году обществом охраны природы «Фауна и Флора Интернейшнл» при поддержке некоторых арабских стран и различных экологических организаций, потомство нескольких ориксов, спасенных для программы разведения в неволе, было в дальнейшем выпущено в Аравийскую пустыню, находящуюся на территории Омана.

Эта территория получила статус заповедника аравийского орикса и сегодня является домом единственного во всем мире невольерного стада этих животных.

Но будущее орикса, возможно, не столь надежно, как может показаться, поскольку если не искоренить изначальную причину исчезновения этих животных из дикой природы, всегда остается риск, что несчастье разразится снова.

Браконьеры продолжают убивать ориксов в большом количестве, особенно самок и детенышей, которые наиболее уязвимы. После успешного проведения программы разведения в неволе в природу было выпущено 400 животных, но через три года из них осталось лишь 100. Жизненно важно заставить врага орикса — человека — прекратить подобную деятельность, иначе все предпринятые для восстановления этого животного в природе усилия могут оказаться напрасными.

Испанская рысь

Когда-то обитавшая на большей части Пиренейского полуострова испанская рысь сегодня очень редка. По результатам одного подсчета, на сегодняшний день осталось лишь около 1 400 особей. Несмотря на то, что этот вид был внесен в Красную книгу еще в 1973 году, его популяция по-прежнему уменьшается.

Снижение популяции испанской рыси началось примерно 40 лет назад, когда популяция кроликов — основного источника пищи рыси — в этом уголке Европы начала сокращаться вследствие многочисленных вспышек заболевания, известного как миксоматоз. Отравленные приманки, предназначавшиеся другим животным, и несчастные случаи на дорогах также способствовали этому. Сегодня по подсчетам специалистов около 200 из уцелевших животных обитают в относительно нетронутом уголке природы, в заповеднике Кото Донана, где они находятся под защитой закона.

Относящиеся к самым редким в мире млекопитающим и преимущественно ночным охотникам, эти рыси весят до 13 кг и имеют золотисто-коричневую окраску с темно-коричневыми или черными подпалинами.

Их любимым местом обитания являются лесные заросли, но в поисках добычи они выходят на луга. При отсутствии кроликов они преодолевают в поисках пищи целые километры, и тогда их жертвами могут становиться олени и водоплавающие птицы.

СТРАТЕГИИ

Так что же именно предпринимается сегодня для остановки снижения численности? Испанское правительство активно вовлечено в важную консервационную программу, запрещающую отлов кроликов с помощью ловушек в определенных районах. Предприняты также шаги для увеличения численности диких кроликов, с тем чтобы обеспечить рыси более обильную кормовую базу, тогда как ученые не прекращают попытки разведения испанской рыси в неволе, чтобы затем выпускать молодых особей в природу.

Кроме того, сегодня установлен крупный штраф, взимаемый с человека любого гражданства, убившего одну из этих прекрасных представительниц семейства кошачьих. В результате столь решительных мер, возможно, будущие поколения испанской рыси станут более многочисленными!

Мир испанской рыси

- Эти рыси иногда случайно получают травмы или погибают, попав в ловушки, установленные на кроликов.

- Эти находящиеся на грани исчезновения животные находятся в большей опасности, чем любой другой представитель семейства кошачьих.

НАУЧНОЕ НАЗВАНИЕ: Felis lynx pardina
АРЕАЛ: леса Испании

ДАННЫЕ: эти животные умирали от голода из-за поразившего их основной источник пищи, кроликов, заболевания; оказались на грани исчезновения; находятся под защитой закона в заповеднике; предприняты попытки разведения этих рысей в неволе

Обыкновенный орангутан

Теперь, когда на островах Суматра и Борнео вырублено столько лесов, где может найти себе убежище орангутан, единственная крупная обезьяна Азии? Лесные пожары, спрос на мясо и торговля детенышами в качестве домашних животных — все это еще больше подорвало численность этого вида.

НАУЧНОЕ НАЗВАНИЕ: Pongo pygmaeus
АРЕАЛ: леса Борнео и Суматры
ДАННЫЕ: падение численности в связи с охотой ради мяса, вырубкой лесов и торговлей детенышами в качестве домашних животных; чтобы отобрать у матери детеныша с целью его дальнейшей продажи, мать убивали; черепа матерей зачастую забирали, украшали и продавали туристам

Если детеныша орангутана превращают в домашнее животное, велика вероятность, что он не проживет долго. В неволе они заражаются человеческими инфекциями; а пища, которую им обычно предлагают, настолько отличается от их привычного рациона, что многие недоедают и умирают от голода. Другие попросту «психуют» в замкнутом пространстве и умирают от скуки.

Те животные, которых вытеснили из леса в другую местность, например, в горные районы, также испытывают сложности с добычей необходимой пищи в новой среде. В природе они предпочитают фрукты, листья и насекомых, таких как пчелы и термиты.

Эта рыжая обезьяна не бросается наутек, завидев человека. Это может вызывать умиление, но тоже таит в себе большую опасность. Охотники могут подбираться к этим животным очень близко, а затем стрелять по ним в упор. По новейшим данным, мировая популяция орангутана определяется всего лишь в пятнадцать тысяч особей. Что еще хуже, ежегодно мы можем терять по тысяче животных.

Отлов детенышей зачастую производился с чрезвычайной жестокостью. Мать, держащую на руках детеныша, застреливали, а затем малыша вырывали из ее объятий.

> **КОРОТКИЙ ФАКТ**
>
> В плейстоцене орангутаны обитали в некоторых районах Индии и Китая, а также на Яве.

Однако одна особенно успешная консервационная программа практикует интересный метод. Проводящий ее реабилитационный центр принимает молодняк орангутана, прежде содержавшийся в неволе. Целью является обучить этих орангутанов самостоятельно выживать в лесу. Некоторые молодые особи, прежде жившие в неволе, как обезьяна, изображенная на противоположной странице, теперь даже нашли себе пару из числа оставшихся в дикой природе. Но есть еще одна сложность. У самок орангутана обычно рождается лишь по одному детенышу и только раз в четыре года. Ситуация усугубляется также тем, что лишь чуть более половины всех родившихся детенышей доживает до половозрелого возраста.

ВИСЯЩИЙ НА ДЕРЕВЬЯХ

Взрослый самец орангутана имеет рост примерно 1 м и весит примерно столько же, сколько обычный взрослый мужчина. Однако самки гораздо мельче. Известный под научным названием Pongo pygmaeus, орангутан имеет очень длинные руки. Если бы ваши руки были такими же длинными, они свисали бы почти до самых ваших щиколоток, когда вы стояли бы выпрямившись! Эти чрезвычайно длинные передние конечности, конечно, идеально подходят животному, которое любит качаться на верхушках деревьев.

Поссум Ледбитера

НАУЧНОЕ НАЗВАНИЕ: Gymnobelideus leadbeateri
АРЕАЛ: леса Австралии
ДАННЫЕ: всегда был редким видом, поскольку, вероятно, являлся пищей многих животных; лесозаготовки еще более подорвали численность; лесные пожары уничтожили деревья, на которых это животное строит гнезда; был объявлен вымершим, но несколько особей было открыто вновь; является эмблемой австралийского штата Виктория

Сегодня обитающие лишь в маленьких количествах на небольшой лесистой территории в штате Виктория, Австралия, поссумы Ледбитера были «заново открыты» в начале 1960-х годов.

Одним из основных факторов, приведших к исчезновению поссума Ледбитера (беличий поссум), было изменение типа и возраста деревьев, в которых они устраивают себе гнезда, в связи с сильными лесными пожарами и лесозаготовками.

Консервационисты делают все, что в их силах, чтобы остановить вырубку рябины; но специалисты сомневаются, что в ближайшие 150 лет будет достаточно мест гнездований в старых деревьях, чтобы вид возродился. Поэтому они предпринимают попытки вселять их в искусственные ящики-гнезда и наблюдают, какой тип предпочтут поссумы.

Впервые описанный в 1867 году, поссум Ледбитера всегда был редким видом. К 1909 году было обнаружено лишь 5 особей. Позже, в 1960 году, вид был сочтен вымершим.

Затем, годом позже, несколько особей было обнаружено около излучины Томми, штат Виктория.

Эмблема штата

В Австралии, где это животное является эмблемой штата Виктория, по данным натуралистов, поссумы всегда жили большими поселениями. Это ночные зверьки, спящие днем и кормящиеся по ночам самыми разнообразными насекомыми, а также пауками. Точно места их обитания не называются, чтобы этих животных не тревожили без надобности.

Но почему поссум Ледбитера был редким уже в то время, когда его только открыли? Некоторые ученые считают, что в течение продолжительного времени на него, возможно, охотились крупные вараны, совы, хищные сумчатые и дикие кошки. Кроме того, это животное предпочитает весьма необычный рацион, и в неволе отказывается от многих видов фруктов, семян и листьев. Возможно, ему также пришлось столкнуться с конкуренцией со стороны других типов поссумов, и им пришлось несладко.

Мир поссума Ледбитера

- Этот вид имеет очень пушистый хвост, составляющий существенную часть общей длины его тела (33 см).

- Это преимущественно лазящее животное, очень ловко перепрыгивающее на ветки соседних деревьев.

Горная горилла

У взрослого самца горной гориллы, изображенного на иллюстрации на соседней странице, начали появляться седые волосы. Как только это происходит, он переходит в разряд «седоспинных».

Охотники и браконьеры (торгующие тушами животных), стихийные бедствия, уничтожение естественной среды обитания и политические трения — все это крайне пагубно сказалось на популяции горной гориллы в Руанде, Заире и Уганде. Это самый редкий вид из всех горилл, и сегодня осталось всего около 600 особей.

Лишь чуть более половины всех этих животных обитает в джунглях на склонах гор Вирунга, где их дальнейшее вымирание было приостановлено героическими усилиями таких самоотверженных борцов за охрану природы, как Дайэн Фосси. Остальные обитают на территории Лесного национального парка Бвинди, Уганда.

Gorilla gorilla (да, да, именно дважды) beringei — таково научное название этого животного — необычайно робкое животное, питающееся преимущественно растительностью.

Однако этот добродушный гигант иногда дополняет свой рацион весьма необычными продуктами — к примеру, корой деревьев, галлами и даже экскрементами сородичей! В целом кормежка занимает у него примерно треть дня — целых 8 часов!

ЯЗЫК ТЕЛА

Самцы горной гориллы гораздо крупнее самок и могут весить целых 200 кг. Их шерсть различается по окраске от иссиня-черной до коричневой. Средний взрослый самец горной гориллы может достигать роста примерно 1,8 м.

Их головы непропорционально велики по сравнению с остальным телом, а руки очень длинные, тогда как ноги короткие.

Самый крупный самец в группе может спариваться с несколькими самками, их наблюдали вычищающими шерсть друг друга. Гориллы также славятся своим умом и способностью к обучению. В случае опасности железа в их подмышечных впадинах издает сильный запах. Однако это не остановило их главного врага — человека.

Мир горной гориллы

- Детеныши горной гориллы развиваются примерно в два раза быстрее детей, но при рождении весят меньше.

- Многие детеныши горной гориллы погибают на первом году жизни, а примерно 50% не доживает до половозрелого возраста.

НАУЧНОЕ НАЗВАНИЕ: Gorilla gorilla beringei
АРЕАЛ: леса Руанды, Заира и Уганды, Африка
ДАННЫЕ: в природе осталось очень мало особей в связи с охотой, стихийными бедствиями, вырубкой лесов и боевыми действиями в этих частях Африки; обществами защиты природы предпринимаются все усилия к сохранению их естественной среды обитания

Оринокский крокодил

Оринокский крокодил из Южной Америки является самым редким из всех видов крокодилов и обитает преимущественно в бассейне реки Ориноко в Венесуэле, о чем можно судить по его названию. Берегитесь, если один из них окажется неподалеку!

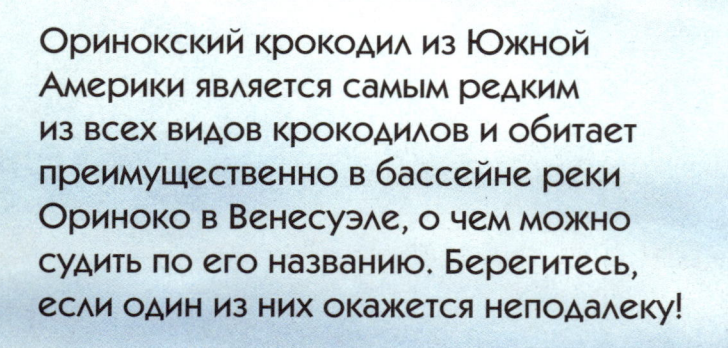

Главная причина катастрофического падения численности оринокских крокодилов — это, вне всякого сомнения, массовое истребление ради кожи. Бессчетное количество пар обуви, сумочек и поясов было изготовлено именно из этого материала.

Даже сегодня, когда хорошо развиты средства массовой информации и предпринимаются всевозможные меры по спасению этого вида, его по-прежнему убивают ради кожи, яиц и мяса. Зубы крокодила также считаются некоторыми южноамериканскими народами отгоняющими злых духов, а копулятивный орган крокодила, настоянный на спирту, слывет любовным напитком.

Уничтожение его естественной среды обитания также не способствует сохранению этого вида. Кроме того, молодых оринокских крокодильчиков иногда продают в качестве домашних животных. Проблемы начинаются, когда они вырастают и становятся опасными, тогда владельцы убивают их.

НАУЧНОЕ НАЗВАНИЕ: Crocodylus intermedius
АРЕАЛ: преимущественно река Ориноко в Венесуэле
ДАННЫЕ: главная причина истребления — охота ради кожи, идущей на изготовление модных аксессуаров; кроме того, яйцами питаются хищные птицы; проблемой является уничтожение естественной среды обитания; одно время уничтожались местными жителями ради мяса и зубов, которые, как считалось, отгоняют злых духов

Мир оринокского крокодила

- У этого вида крокодила существует три варианта окраски: одни темно-серого цвета, другие коричневые с более темными отметинами, а третьи зеленовато-серые. Ученые считают, что у некоторых окраска может меняться в неволе.

Взрослый оринокский крокодил поедает рыбу, любых позвоночных (как водных, так и наземных), а также птиц, охотясь преимущественно на мелководье. Иногда поступали даже сообщения о том, что эти крокодилы пожирали людей.

Достигающий в длину примерно 5 м, этот снабженный длинными челюстями и острыми зубами вид настолько агрессивен, что изучавшие его натуралисты зачастую наблюдали такую картину: самцы были слишком заняты выяснением отношений между собой и не проявляли особого интереса к спариванию с самкой! Но положительным является то, что чем дольше живут эти крокодилы — а продолжительность их жизни составляет приблизительно 80 лет, — тем более плодовитыми они становятся, в отличие от большинства других животных, да и человека.

Кроме того, самки откладывают огромное количество яиц — иногда до 70 за раз. Это, конечно же, плюс для любых программ сохранения вида. Однако в естественной среде обитания всегда существует риск, что яйца оринокского крокодила утащат хищные птицы или ящерицы.

КОРОТКИЙ ФАКТ

За последние годы очень редко поступали сообщения о нападении оринокского крокодила на людей.

ПРИРОДНОЕ РАВНОВЕСИЕ

Программы по разведению в неволе ведутся полным ходом и ставят целью увеличение численности уцелевшей на сегодняшний день в Венесуэле популяции (вероятно, менее тысячи). К началу прошлого века насчитывалось около одного миллиона особей.

Подобные программы заключаются в выращивании молодых крокодилов на специальных фермах после искусственного их выведения в инкубаторах. После вылупления их можно выпускать на волю примерно через 12 месяцев; таким образом, в места былого обитания уже было выпущено несколько тысяч этих крокодилов.

Но что будет, если популяция чрезмерно возрастет? Как можно контролировать ситуацию? После того как установленное количество особей будет выпущено в природу, все программы по разведению в неволе должны быть приостановлены, иначе реки переполнятся этими тварями. Тогда не будет причин волноваться по этому поводу. А сегодня один человек уже заявил, что больше не чувствует себя в безопасности, катаясь на водных лыжах по реке Ориноко!

Обыкновенный дюгонь

Некоторые ученые уверены, что многочисленные мифы, связанные с сиренами, в действительности обязаны своим появлением дюгоням. Эти морские животные во множестве погибают, когда их случайно вылавливают рыбаки.

В некоторых частях света дюгоней по-прежнему жестоко убивают при помощи гарпуна ради их мяса, вкус которого описывают как сочетание свинины с говядиной. Также ценится их шкура, из которой можно изготавливать сандалии. Некоторые попадают в сети, возможно, случайно, вместе со своими детенышами. Других вылавливают ради их жира и бивней, которые у некоторых народов считаются возбуждающим средством, а также снадобьем от некоторых недугов, таких как головная боль и запор.

Когда-то они жили стадами, но со снижением численности стали образовывать более мелкие группы. Обитают они в теплых мелких морях, никогда не выходят на сушу. Однако дюгоням необходимо время от времени подниматься на поверхность, чтобы набрать воздуха, и именно это, видимо, привело к путанице — этих животных приняли за сирен, легендарных существ, наполовину рыб, наполовину женщин.

БОЛЬШИЕ И ТОЛСТЫЕ

Их детеныши уже рождаются хорошими пловцами и питаются материнским молоком до двухлетнего возраста. Говорят, что детеныши блеют, как ягнята, а вот взрослые особи молчаливы. Вырастая в длину до 3 м при весе примерно 170 кг, эти чрезвычайно толстые животные обладают огромным количеством подкожного жира; их окраска варьируется от голубовато-серой до коричневой.

К другим характеристикам относятся мощный хвост, как у кита, и маленькие ласты. У самцов имеется также два крупных резца, очень напоминающих бивни. Они продолжают расти на протяжении всей жизни.

Если дюгоню дать дожить до старости, он проживет примерно столько же, сколько человек. Проблема состоит в том, что это медлительное животное, не имеющее практически никаких средств защиты от хищников, таких как человек, который является его главным врагом.

Мир дюгоня

- Дюгонь (известный науке как Dugong dugon) иногда именуется морской коровой, поскольку он пасется на морских пастбищах.

- Эти морские млекопитающие сегодня обитают практически исключительно вокруг Австралии, но в небольшом количестве имеются также в Красном море.

НАУЧНОЕ НАЗВАНИЕ: Dugong dugon
АРЕАЛ: сегодня только около Австралии и в Красном море

ДАННЫЕ: также называется морской коровой; по-прежнему уничтожается ради мяса, а также ради бивней, поскольку они, как считается, обладают лечебными свойствами; медлительное животное, иногда попадающее в рыболовные сети

Зеленая черепаха

Вам может показаться странным, что зеленые, или суповые, черепахи, изображенные здесь, коричневого цвета, но в действительности их окраска существенно варьируется, несмотря на видовое название, от черной до коричневой, серой и зеленой. Являющиеся, к сожалению, объектом массового отлова ради панцирей и мяса, это самые крупные из всех морских черепах.

Мир зеленой черепахи

- Зеленые черепахи, устраивающие кладки на острове Асенсьон, по имеющимся данным доплывали до берегов Бразилии в поисках подходящих пастбищ. Это очень большое расстояние даже для таких хороших пловцов.

Отложив яйца на тропическом берегу, самка зеленой черепахи тут же возвращается в море. Ученые, пытающиеся разработать способы сохранения вида от исчезновения, иногда прикрепляют на спины черепах радиопередатчики. Так они могут проследить перемещения черепах.

Водные черепахи, известные под научным названием Chelonia mydas, существуют в течение миллионов лет, отчего их сегодняшнее плачевное положение становится еще более печальным.

НАУЧНОЕ НАЗВАНИЕ: Chelonia mydas
АРЕАЛ: в районе острова Асенсьон
ДАННЫЕ: находится на грани полного исчезновения; существовала еще несколько миллионов лет назад; появляется на свет крохотной; истребляется людьми ради панцирей и мяса; черепаховый суп когда-то считался деликатесом; имеет многочисленных врагов в море

Взрослые особи этой черепахи иногда весят до 150 кг и могут достигать 1 м в длину. Но несмотря на огромный размер взрослых черепах, детеныши вылупляются из яиц крохотными, и их панцири имеют всего 5 см в длину, так что вы можете запросто удержать черепашонка на ладони.

Недавно ученые сделали интересное открытие относительно пола этих черепах. Черепахи, вылупившиеся из яиц, содержавшихся в условиях ниже определенной температуры, всегда оказываются самцами.

КОРОТКИЙ ФАКТ

Мясо зеленой черепахи иногда используется для приготовления супа, когда-то традиционно подававшегося на банкетах мэра Лондона.

Едва вылупившись из яиц, черепашата инстинктивно, ночью, устремляются к океану, будучи еще совсем маленькими. Поэтому они подвергаются риску быть съеденными многочисленными хищниками, и лишь сравнительно небольшое количество всего выводка достигает зрелости. Те же, которым все же удается избежать печальной участи, скорее всего вернутся на тот же самый пляж, на котором появились на свет сами, чтобы дать жизнь следующему поколению.

К сожалению, у многих взрослых зеленых черепах обнаруживают опухоли, что может еще более подорвать их популяцию.

Флоридская пума

Несмотря на то, что эта пума (кугуар) названа в честь штата Флорида, когда-то она бороздила просторы и других регионов Северной Америки, включая Южную Каролину, Луизиану и Арканзас.

Это симпатичное животное находится на грани полного исчезновения вследствие истребления человеком, озабоченным защитой своего рогатого скота. Все началось в XIX веке, когда поселенцы особенно стремились защитить от нападения своих лошадей и натравливали на пуму своры собак. Как показано на этой иллюстрации, пуме приходилось спасаться на дереве, а собаки оставались рядом и не давали ей спуститься. Тогда по ней стреляли из ружей. Невозможно было не попасть в такую удобную сидячую мишень. Популяция пумы резко снизилась, а немногие уцелевшие особи столкнулись с ухудшением кормовой базы в связи со снижением численности оленей в этой части Соединенных Штатов. Несколько пум выжило на территории Национального парка Эверглейдс, но и в этой части Флориды они всегда оставались немногочисленными. Известная в разных регионах под разными названиями — кугуар, пантера и горный лев, к примеру, — пума сегодня находится под защитой закона в некоторых частях Флориды, таких как Эверглейдс.

НАУЧНОЕ НАЗВАНИЕ: Felis concolor coryi
АРЕАЛ: Северная Америка
ДАННЫЕ: известна также под названием кугуар и горный лев; нападала на рогатый скот; охота привела к катастрофическому падению численности; неблагоприятными факторами также явились загрязнение окружающей среды и уничтожение естественной среды обитания

Однако этих животных осталось так мало, что вам вряд ли доведется увидеть хотя бы одно из них, если вы посетите этот заповедник.
По всей Флориде охота издавна является популярным видом спорта, и благодаря ей многие сотни миллионов долларов вливаются в экономику штата. Особенно часто на частных землях охотятся на оленей и кабанов, а это, в свою очередь, приводит к голоданию пумы, чьей основной добычей они являются.

По всей видимости, основным врагом флоридской пумы на всем протяжении истории был человек; немало животных погибло под колесами транспортных средств, в результате загрязнения окружающей среды и уничтожения естественной среды обитания.

Но есть и другие факторы, которые способствовали исчезновению флоридской пумы. К примеру, по мнению ученых, с тех пор как началось снижение популяции, между флоридскими пумами происходит узкородственное спаривание. Это объясняется отсутствием выбора партнеров.

КОРОТКИЙ ФАКТ

Выплачивались крупные вознаграждения за убитых флоридских пум до конца XIX века, что, без сомнения, привело к массовой бойне.

ВРОЖДЕННАЯ СЛАБОСТЬ

Как часто случается при узкородственном спаривании, это ведет к общему ухудшению здоровья, врожденным порокам сердца и другим аномалиям у части детенышей. Значительное количество животных поражено очень заразной формой кошачьей чумы, респираторными заболеваниями и даже особым типом СПИДа, который распространен среди некоторых представителей семейства кошачьих.

Когда было объявлено о намерении выпустить на волю очень близкого родственника флоридской пумы, поступили многочисленные жалобы, несмотря на то что по своей природе пума остерегается контакта с людьми.

Однако выращенные в неволе, они стали достаточно доверчивыми, чтобы приближаться к людям, которые, в свою очередь, из-за невежества очень пугались, хотя не было засвидетельствовано ни одного случая нападения этого животного на человека со смертельным исходом. В результате несколько животных было застрелено, а одно попало в ловушку. Предстоит выработать более надежный метод спасения этого вида.

Белый медведь

Обстреливаемые с воздуха охотниками, нарушающими все постановления, белая медведица и ее медвежонок не имеют шансов на спасение. Смерть неминуема.

Известные под научным названием Ursus maritimus, что означает «морской медведь», белые медведи обитают исключительно в Арктике; несмотря на то, что они так же хорошо приспособлены для выживания в условиях Антарктики, вы не найдете ни одного из них в районе Южного Полюса.

Опять же, именно массовая охота привела к постепенному подрыву численности вида. Шкура белого медведя приносит немало денег, и браконьеры, по-видимому, по-прежнему уничтожают сотни этих медведей, несмотря на то что вся популяция насчитывает всего около 22 000 особей.

Но существуют и другие причины, способствующие катастрофическому снижению популяции белого медведя.

К примеру, в арктических районах Канады полярный лед начинает таять по весне на три недели раньше, чем это происходило еще каких-то 20 лет назад. В результате у медведя остается меньше времени на то, чтобы охотиться с льдин на тюленя — его основной источник пищи. Ученые зафиксировали даже уменьшение размера медведя и снижение рождаемости, что они связывают с глобальным потеплением. Имеются и признаки того, что свое негативное влияние оказывает также загрязнение окружающей среды.

Большой и хитрый

Полярного медведя можно отнести к самым удивительным животным. Это массивный хищник, самцы которого достигают 2,7 м — они гораздо выше, чем средний взрослый мужчина. Его мех густой, а цвет варьируется от белого до кремово-коричневого; но по большей части эти вариации зависят от освещения.

Зоолог Элисон Эймс в результате проведенного ею изучения поведения белого медведя в Британском зоопарке пришла к выводу, что это очень умные животные. Она даже наблюдала, как они разбивали кусок льда, чтобы завладеть замороженной рыбой, находившейся внутри него.

Мир белого медведя

- Белые медведи — хорошие пловцы, и были зафиксированы случаи, когда они проплывали без остановки почти 100 км.

- К сожалению, шесть из каждых десяти медвежат погибают на первом году жизни. Некоторые умирают от голода или погибают при несчастных случаях. Других убивают охотники за трофеями.

НАУЧНОЕ НАЗВАНИЕ: Ursus maritimus
АРЕАЛ: Арктика

ДАННЫЕ: хороший пловец; хищник; умный; громадного размера; ухудшение кормовой базы, охота, глобальное потепление и загрязнение окружающей среды ведут к катастрофическому снижению популяции

КОРОТКИЙ ФАКТ

Удивительно, но факт — белые медведи в зоопарке Сан-Диего стали зелеными, когда внутри их волос стали расти водоросли!

Атлантический морж

Согласно последним данным, существует примерно 200 000 тихоокеанических моржей, но лишь 20 000 атлантических. Истребление атлантического моржа первоначально было связано с коммерческой охотой ради шкур, бивней и ворвани.

Размножаются моржи крайне медленно. Поэтому варварская охота, а также всемирное потепление, отравление ртутью и свинцом, ухудшение кормовой базы и частое беспокойство животных в местах их естественного обитания в связи с разведкой нефти и газа — все это может поставить вид под угрозу полного исчезновения. Самыми печальными являются сообщения о том, что когда группа моржей в панике спасается от хищников или от стихийного бедствия, те животные, которые находятся в центре, часто оказываются раздавленными остальными.

На Аляске местные жители охотятся на атлантических моржей, только чтобы добыть себе пропитание или сырье для вырезания сувениров, благодаря которым они зарабатывают себе на жизнь. На резьбу по бивням моржа спрос по-прежнему велик.

Особенно тревожат компании, выдающие разрешения на охоту на атлантического моржа и предлагающие клиенту все услуги. За 6 000 долларов США клиента довозят до места обитания моржей с целью их обстрела.

Охота производится с моторных лодок, также используемых местным племенем инуитов для ловли рыбы. Организаторы дают рекомендации относительно наиболее подходящего оружия и экипировки, но всегда советуют иметь наготове гарпун на случай, если морж будет ранен.

Однако вывоз бивней и шкур моржа в Соединенные Штаты и некоторые другие страны является нелегальным; поэтому остается не вполне понятным, что же происходит с останками несчастных моржей, застреленных этими охотниками за трофеями.

У моржа есть также и естественные враги, такие как белый медведь и касатка, обитающие в этих же водах. Добавьте сюда людскую алчность и опасность, таящуюся в загрязнении окружающей среды, и станет очевидно, что будущее атлантического моржа находится в серьезной опасности.

Мир атлантического моржа

- Известный науке как Odobenus rosmarus rosmarus (да-да, последняя часть названия повторяется дважды), что означает «морская лошадь, которая ходит на зубах», атлантический морж легко узнаваем по огромным, очень заметным бивням.

НАУЧНОЕ НАЗВАНИЕ: Odobenus rosmarus rosmarus
АРЕАЛ: воды Атлантического океана

ДАННЫЕ: несмотря на предпринимаемые меры по сохранению вида, становится жертвой охотников; иногда на него охотятся также белые медведи и касатки; загрязнение океана и всемирное потепление также пагубно сказываются на морже

Исчезающие растения

Существует много причин, по которым некоторые растения становятся редкими или даже полностью исчезают. Но зачастую вина лежит на человеке, который просто бездумно вмешивается в природу или срывает дикие цветы, не понимая, насколько они редки. Что может быть сделано для спасения растений?

Красный цветок, изображенный ниже, — это раффлезия, или вонючая трупная лилия, самый большой цветок в мире и чрезвычайно редкий. Произрастающий преимущественно на островах Суматра и Борнео, он цветет лишь около шести дней, достигая 1м в поперечнике. В дополнение к огромному размеру у этого цветка есть совершенно необычайное свойство — отвратительный запах гнилого мяса! Однако этот запах имеет свое назначение: он привлекает мух, которые опыляют цветок. Недавно была выработана особая культивационная техника, и раффлезия может быть спасена.

КОРОТКИЙ ФАКТ

В особо уязвимом положении находятся дикие орхидеи, стоимость которых очень велика и которые вследствие бездумного массового сбора находятся на грани полного исчезновения.

ДАННЫЕ: многие растения находятся на сегодняшний день под угрозой исчезновения из-за массового сбора, а также происходящих изменений в их естественной среде обитания и воздействия химикатов; важно постараться сохранить редкие растения в местах их естественного произрастания, поскольку многие из них в искусственной среде погибают

В Великобритании тем временем была разработана блестящая программа, известная как Семенной Банк Миллениум. Начатая в 2000 году (отсюда название), программа была организована профессиональными ботаниками и названа «Ноевым ковчегом для растений». По всему миру в связи с разноплановой деятельностью человека на грани исчезновения оказывается множество растений. Некоторые типы растений, возникшие в результате продолжавшейся миллионы лет эволюции, уже безвозвратно утрачены.

Но семена, насколько известно, могут храниться очень долго. Известны даже случаи, когда прорастали семена, возраст которых исчислялся столетиями, при том что их не хранили в замороженном виде. Поэтому для семян, которые ученые планируют хранить при очень низких температурах, прогноз многообещающий. Через 20 лет планируется поместить в этот банк примерно 20% всех известных растений. Это предприятие, стоимость которого оценивается миллионами, было спонсировано промышленностью. Очевидно, что это очень ценное вложение капитала, если таким образом мы сможем обеспечить спасение и последующее возвращение в экосистему планеты огромного числа «утраченных» растений.

Японский журавль

Официальная эмблема японского движения в защиту природы с 1935 года, эта изящная птица — самый редкий из всех журавлей — серьезно пострадала от уничтожения ее уникальной болотистой среды обитания.

> **КОРОТКИЙ ФАКТ**
>
> Брачный танец японских журавлей, происходящий весной, поистине впечатляющ.

Ростом примерно 1,6 м, с удивительным размахом крыльев 2,1 м, японский журавль, или манчжурский, известен своей утонченной красотой, которая в течение многих веков вдохновляла восточных художников и поэтов.

Однако защищавшийся высшими классами общества до середины XIX века, он начал исчезать вследствие охоты и осушения предпочитаемых им влажных местностей, которые люди пытались приспособить под свои нужды.

В небольшом количестве эти птицы когда-то обитали в Корее, Китае, Сибири, Манчжурии и на территории бывшего Советского Союза, но в этих регионах они сегодня подвергаются опасности полного исчезновения, если еще не исчезли. Но некоторые выжили на небольшой удаленной территории болотистых лугов на японском острове Хоккайдо. Здесь в 1924 году, по подсчетам специалистов, оставалось всего 20 особей; но в дальнейшем этот показатель увеличился благодаря предпринятым мерам по сохранению вида и созданию на данной территории убежища для этих птиц.

Температуры здесь зимой очень низки, но японский журавль способен переносить мороз и даже, очевидно, радуется снегу.

НАУЧНОЕ НАЗВАНИЕ: Grus japonensis
АРЕАЛ: преимущественно остров Хоккайдо, Япония

ДАННЫЕ: исполняет зрелищный брачный танец; осушение болот, охота и подрыв кормовой базы привели к резкому снижению популяции, но предпринятые в последние годы меры по сохранению вида сегодня привели к возрождению этого журавля

Многолетний кропотливый труд по сохранению вида принес свои плоды, и сегодня также существует резерват на юге острова Кюсю. Несколько японских журавлей содержится в Европейских зоопарках, и некоторые даже дали в неволе потомство. Питается японский журавль в своей естественной среде обитания преимущественно болотными растениями, насекомыми и земноводными. Но с осушением болот подобная кормовая база очень оскуднела. Для птицы, которой для выживания в суровых климатических условиях требуется большое количество пищи, это неизбежно останется серьезной проблемой.

Мир японского журавля

- Согласно японскому поверью, если этот журавль приблизится к кому-нибудь, этому человеку выпадет удача. Он также называется птицей счастья.

- И самец, и самка участвуют в высиживании яиц в течение примерно месяца с того момента, как самка снесет их.

Тупик

В некоторых районах популяция тупика, или топорика, быстро снижается. Разлитая нефть, охота ради мяса и перьев, гибель в сетях и конкуренция за рыбу — вот факторы, оказывающие пагубное влияние на тупиков.

Когда птичьим базарам грозит опасность, консервационисты спешат сделать все возможное, чтобы восстановить их. Именно так поступило Национальное Одюбоновское общество (названное в честь выдающегося натуралиста Джона Джеймса Одюбона) в 1973 году. Узнав о том, что тупики начали исчезать в штате Мэн, США, специалисты этого общества разработали проект «Тупик», программу, которая прошла достаточно успешно.

Тупики долгое время гнездились на Восточной Яичной горе, но последнюю птицу убили охотники в конце XIX века. Ученые под руководством Стивена Кресса приняли следующие меры: каждый год с воздуха, с моря и с суши забирали по 100 молодых тупиков с Грейт-Айленд на Ньюфаундленде, который всегда славился большой популяцией этих птиц. Затем их искусственно выращивали на Восточной Яичной горе. Птиц также кольцевали, чтобы после того, как их выпустят на волю, можно было проследить, вернутся ли они в брачный сезон гнездиться в это же место. Были даже предприняты попытки приманить их туда.

Это было сделано путем установки зеркал, которые создавали иллюзию, будто на горе гораздо больше тупиков, чем было в действительности. В качестве приманки использовались также магнитные записи «голоса» тупиков. В конце концов достаточно большое количество птиц вернулось и образовало внушительную колонию.

ВОПРЕКИ ВСЕМ ТРЕВОГАМ

Молодых тупиков, таких как те, которых перевозили специалисты Национального Одюбоновского общества, в природе подстерегает много опасностей. Когда они еще совсем маленькие, они очень уязвимы и зачастую становятся добычей, например, чаек. Но вопреки всем тревогам, проект «Тупик» оказался успешным. Подобные эксперименты по восстановлению популяций тупиков также проводились в других областях штата Мэн и принесли столь же положительные результаты.

Научное название атлантического тупика — Fratercula arctica, что означает «северный маленький брат». Но они также получили прозвище «морские попугаи» за свои ярко окрашенные клювы.

> **КОРОТКИЙ ФАКТ**
>
> Белые грудки тупиков настолько заметны, что на языке одного из инуитских племен они называются «катук-пук», что значит «большая белая грудка».

НАУЧНОЕ НАЗВАНИЕ: Fratercula arctica
АРЕАЛ: острова в северной и средней части Атлантического Океана
ДАННЫЕ: морская птица; гнездится колониями; яйца высиживают оба родителя; главными проблемами, ведущими к снижению численности, являются загрязнение Атлантического Океана нефтепродуктами, массовая охота, а также уменьшение количества рыбы, составляющей основную часть их рациона

Редкая орнитоптера

Обитающая лишь в лесах Папуа Новой Гвинеи, бабочка под названием орнитоптера королевы Александры, или райская орнитоптера, сегодня является чрезвычайно редкой. Извержение местного вулкана в 1951 году разрушило большую часть ее среды обитания, а позже на ней пагубно отразилась нескончаемая расчистка земель под поселения и поля. Не способствует выживанию вида и применение пестицидов.

На иллюстрации слева вы можете увидеть рисунок на крыльях самца орнитоптеры Александры, а справа — самки. Гусеницы обоих полов имеют красновато-черную окраску и усики с красными точками. Посередине личинки этих красивых насекомых имеется также забавное «седло» кремового цвета. Именно потому, что они обладают столь изысканной красотой, коллекционеры готовы платить за этих бабочек большие деньги; это тоже в свою очередь стало одним из факторов, ведущих к исчезновению вида в природе. Это и одна из причин, по которой правительство Папуа Новой Гвинеи приняло программу защиты этого вида. Но организовать ферму по разведению бабочек для удовлетворения спроса коллекционеров помогла также и оказанная финансовая помощь.

НАУЧНОЕ НАЗВАНИЕ: Ornithoptera alexandrae
АРЕАЛ: Папуа Новая Гвинея
ДАННЫЕ: самая большая бабочка в мире; сегодня чрезвычайно редкая; несмотря на большое количество откладываемых яиц, лишь немногие гусеницы превращаются во взрослых бабочек, поскольку у них множество врагов; к другим причинам снижения популяции относится уничтожение естественной среды обитания

Дорожное строительство и разрушение естественной среды обитания, а также злоупотребление пестицидами продолжают уничтожать по всему миру многие другие виды бабочек.

В течение жизни самка этой орнитоптеры может отложить более 200 яиц, но часть их будет уничтожена хищниками. Гусениц также поедают змеи, ящерицы и другие животные.

По сравнению с количеством изначально отложенных яиц лишь очень малое число особей в конце концов превратится во взрослых бабочек. После этого им останется жить совсем немного, примерно четыре месяца.

КОРОТКИЙ ФАКТ

Орнитоптера Александры является самой крупной бабочкой в мире. У самок этого вида размах крыльев больше, чем у самцов.

Индийский ящер

Самка индийского ящера, изображенная на этой иллюстрации, явно встревожена. Она защищает нору, которую вырыла в земле с фантастической скоростью одними лишь когтистыми передними лапами. Нору она делит с самцом и детенышем, который недавно родился у нее. Самец крупнее, у него сильно развит отцовский инстинкт, он принимает участие в уходе за детенышем, хотя обычно именно мать носит его на себе. Как правило, ящеры, или панголины, выходят из норы только ночью; но эта самка вынуждена была выйти днем, поскольку ее выгнал из норы охотник. Что ему могло понадобиться? И зачем он потревожил это пугливое и никому не причинявшее зла животное?
Все по порядку.

НАУЧНОЕ НАЗВАНИЕ: Manis crassicaudata
АРЕАЛ: леса Индии, Непала и Шри-Ланки

ДАННЫЕ: раньше на него охотились ради мяса и потому, что это животное якобы обладает магической силой; питается муравьями и термитами; длинный язык и сильные челюсти; ведет преимущественно ночной образ жизни

Индийский ящер — чрезвычайно необычное и все более и более редкое животное, сегодня отнесенное к находящимся под угрозой полного исчезновения. Это и неудивительно, если некоторые племена, делящие с этим ящером его естественную среду обитания, леса Непала, Индии и Шри-Ланки, находят его мясо очень вкусным.

Кроме того, иногда они используют роговую чешую этого животного для изготовления талисманов, якобы наделенных магическими исцеляющими свойствами. А некоторые из этих горных народов считают мясо ящера возбуждающим средством.

Охотники без труда вылавливают этих ночных зверьков, разрывая их норы. Но эти животные все же пытаются защищаться, сворачиваясь в шар. Если это не действует на нападающего, они прибегают к последнему средству — выпускают струю мочи!

НАРОДНАЯ МЕДИЦИНА

Жесткая чешуя индийского ящера, ради которой на него охотятся в дополнение к мясу, по сути является волосами и по структуре сходна с рогом носорога. Чешуя располагается в 28 рядов. И точно так же, как рог носорога, чешуя значится в народных рецептах и якобы исцеляет как внутренние кровотечения, так и ревматическую лихорадку.

Ящеры относятся к семейству муравьедовых. Оправдывая это название, они питаются муравьями и термитами. Иногда они даже залезают на деревья, чтобы добраться до муравейника, а затем разламывают его, чтобы получить свое лакомое блюдо.

Или же они могут раскапывать термитник своими сильными челюстями и затем просовывать внутрь него свой чрезвычайно длинный язык. Обратно они втягивают язык лишь тогда, когда на нем окажется достаточно термитов, которыми можно полакомиться.

НЕОБОСНОВАННЫЙ СТРАХ

Индийский ящер сегодня стал настолько редким, что в октябре 2000 года в газете «Indian Express Newspapers» появилось сообщение о том, что один ночной сторож, увидевший ящера, был совершенно уверен, что перед ним один из динозавров! По какой-то непонятной причине он связал внешний облик этого маленького зверька с тем, что видел в фильме «Парк юрского периода»! Животное забралось под грузовик, а мужчина принялся звать на помощь. Вскоре собралась настоящая толпа, и из любопытства они начали тыкать в ящера палками. Затем прибыла полиция, забрала зверька и выпустила его в лесу.

Мир индийского ящера

- Выделяют вщество с мускусным запахом, помогающее самцам и самкам узнавать друг друга перед спариванием.

- К другим видам ящеров относятся китайский, малайский, гигантский африканский и длиннохвостый.

Толстый лори

НАУЧНОЕ НАЗВАНИЕ: Nucticebus coucang
АРЕАЛ: влажные тропические леса Юго-Восточной Азии
ДАННЫЕ: живет на деверьях; для отпугивания хищников издает своеобразный запах; раньше на него хотились ради его меха; к снижению популяции также вело уничтожение естественной среды обитания; некоторые племена убивают его, веря в то, что его мех обладает целебными свойствами

Злейшим врагом толстого лори является человек, а именно браконьеры, а также крупные представители семейства кошачьих и змеи. Днем он спит, свернувшись в клубок, и потому в светлую часть суток очень уязвим, даже несмотря на то, что его хорошо скрывает листва на верхушках деревьев, где он обитает.

Ведущее одиночный образ жизни животное размером примерно с маленькую кошку, толстый лори обитает во влажных тропических лесах Юго-Восточной Азии и Индонезии и ведет исключительно древесный образ жизни. У него густая пушистая шерсть, окраска варьируется от коричневатого оттенка до серого, а на мордочке заметна светлая полоса, как вы можете видеть на иллюстрации слева.

На обеих передних конечностях имеется длинный изогнутый палец, которым очень удобно чесаться. А задние конечности настолько сильны, что он может свешиваться вниз головой, когда кормится фруктами, насекомыми, яйцами и мелкими птицами.

Толстого лори иногда именуют медлительным лори, однако если его потревожить или если он выходит на охоту, он может быть очень проворным.

У толстых лори есть рациональный способ помечать деревья на своей территории — и проделывают они это с помощью собственной мочи. Они распределяют мочу по веткам, и запах мочи одного лори отгоняет других прочь.

Никто не может с точностью сказать, сколько этих животных осталось в природе или на охраняемых территориях — возможно, миллион, но известно, что в течение последних лет их численность неуклонно снижается.

НАС МАЛО, И НАС ВСЕ МЕНЬШЕ

Почему же происходит столь резкое снижение популяции лори? Они такие миловидные, что многих зверьков отлавливают и продают в качестве домашних животных, но это, без сомнения, травмирует их, и они вряд ли способны в течение долгого времени жить вдали от своей естественной среды обитания. Другие погибли из-за распашки земель. Кроме того, существуют племена, верящие в то, что мех толстого лори обладает ранозаживляющими свойствами. Мех также используется для изготовления модной одежды. Как это жестоко, что даже глаза этого животного иногда продают в качестве талисманов!

Мир толстого лори

- У этого зверька имеется весьма интересный способ отгонять хищников. В случае опасности он выделяет вещество с очень едким запахом, тем самым предупреждая нападающего о том, что ему придется отведать не слишком вкусное блюдо.

Мандрил

Самец мандрила — один из самых эффектных представителей обезьяньего мира, имеющий очень красочную мордочку и яркую заднюю часть тела. Однако из-за охоты и использования ловушек сегодня он находится в числе самых редких обезьян.

Обитающий во влажных тропических лесах западной части Центральной Африки, мандрил имеет ярко-красный нос и ало-голубой зад — окрашенная в столь яркие цвета задняя часть тела, вероятно, служит визуальным сигналом детенышам при передвижении. Один самец может иметь до 10 самок, и поэтому в группе бывает несколько детенышей. Кроме того, иногда такие группы сливаются и передвигаются большими сообществами.

Самки мельче самцов и обычно проводят всю жизнь на деревьях. Самцы, однако, часто спускаются на землю. Все питаются фруктами, орехами, семенами, грибами, насекомыми, пауками, червями и мелкими животными.

Мир мандрила

- По мнению ученых, чем агрессивнее и ярче мандрил, чем больше у него будет потомства.

- У мандрилов имеются огромные клыки, из-за которых они кажутся более страшными, чем являются в действительности. На самом деле обычно они очень пугливы.

СТРАННАЯ ПРИВЫЧКА

Одной из самых необычных повадок мандрилов является то, что самцы находят дерево и трутся об него, так чтобы оно приобрело их запах. Цель столь необычного поведения остается для ученых загадкой, но похоже, что таким образом они в каком-то смысле метят территорию или, возможно, демонстрируют свою половую принадлежность и собственную значительность.

Общая длина тела взрослого самца примерно 92 см, из которых основная часть приходится на голову, очень крупную по сравнению с остальным телом. Взрослый самец может весить примерно 25 кг, а самка больше чем в два раза меньше.

В целом об образе жизни диких мандрилов известно не много; а сегодня, когда они стали настолько редкими, вряд ли когда-нибудь удастся узнать больше. Они движутся так стремительно, что в лесу за ними не угнаться, а кроме того, они пугливы. Единственный способ наблюдать их в течение длительного времени — это устроить какое-либо убежище, к которому они могут постепенно привыкнуть и которое со временем перестанут замечать.

НАУЧНОЕ НАЗВАНИЕ: Mandrillus sphynx
АРЕАЛ: влажные тропические леса западной части Центральной Африки
ДАННЫЕ: относится к самым редким обезьянам; сокращение численности было вызвано охотой, а также уничтожением среды обитания, тропических лесов; самки ведут древесный образ жизни; самцы спускаются на землю; в рацион входят фрукты, грибы, насекомые, орехи, корни, семена и мелкие позвоночные

Белоголовый орлан

Единственный орел, обитающий исключительно в Северной Америке, — это белоголовый орлан. Он является национальным символом Соединенных Штатов, хотя живет большей частью на Аляске.

Длиной примерно 1 м от головы до хвоста, с размахом крыльев 2 м, белоголовый орлан долгое время являлся гордостью Америки. В XVIII веке, когда жители США сделали эту птицу своей эмблемой, их было огромное количество. По подсчетам, примерно 75 000.

Но к 1940 году этих орлов осталось так мало, что был принят закон о защите белоголового орлана, запрещающий убивать, продавать или держать эту птицу без специального на то разрешения. В дальнейшем белоголовый орлан был также объявлен видом, находящимся под угрозой уничтожения. Без сомнения, следовало принять незамедлительные меры для его защиты.

Мир белоголового орлана

- В США со всякого, у кого будет обнаружено хотя бы одно перо или любая другая часть тела белоголового орлана, взимается крупный штраф. Однако на индейцев, использующих их для изготовления своих украшений и одежд, эта мера не распространяется.

НАУЧНОЕ НАЗВАНИЕ: Haliaeetus leucocephalus
АРЕАЛ: преимущественно на Аляске в США
ДАННЫЕ: национальная эмблема Соединенных Штатов; не так давно находился под угрозой полного исчезновения; большое число этих птиц было выращено искусственно и выпущено на волю; закон о защите белоголового орлана запрещает убивать этих птиц и разорять их гнезда

КОРОТКИЙ ФАКТ

Некоторые гнезда белоголовых орланов имеют огромные размеры и, надстраиваемые с каждым годом, могут в конце концов достигать в диаметре 3 м.

К катастрофическому снижению популяции тогда привели многие факторы — в том числе загрязнение водных ресурсов, беспокойство на гнездовьях, массовое уничтожение фермерами, поскольку эта птица регулярно нападала на домашних животных, а также широкомасштабное применение пестицида ДДТ.

Но, к счастью, консервационисты нашли способ увеличить численность вида. Во-первых, охотникам на водную дичь было запрещено использование свинца, чтобы белоголовый орлан, относящийся к хищным птицам, не получал отравлений, кормясь водными птицами.

Консервационисты пришли к решению взять из многих гнезд орлана яйца, поскольку из значительной части яиц птенцы не вылупляются. Затем яйца были помещены в инкубатор, а позднее птенцов вернули в природу. Пары взрослых птиц проявили большое желание «усыновить» этих «сироток».

Другой способ поселить этих птиц там, где они стали редкими, — это содержать их в закрытых искусственных гнездах, начиная с восьминедельного возраста, кормить их там, а затем выпустить, когда они будут готовы жить самостоятельно.

Как следствие предпринятых усилий, численность белоголового орлана сегодня достигает 50 000 особей; таким образом, можно считать, что популяция практически восстановлена. Это первый пример того, как путь к вымиранию может быть повернут вспять.

Если популяция будет и дальше увеличиваться, бросающиеся в глаза белые головные и хвостовые перья белоголового орлана могут снова стать привычными для неба Северной Америки.

Словарь

Аммониты — вымершие мягкотелые водные животные, имевшие щупальца и спиральные раковины

Ареал — территория, на которой обитает животное или произрастает растение

Архозавры — высшие пресмыкающиеся, к которым относятся крокодилы и динозавры

Астероид — одна из многочисленных мелких планет, вращающихся вокруг Солнца между Марсом и Юпитером

Бивень — огромный клык

Брахиоподы — также плеченогие; живое ископаемое, имеющее раковину.

Бронтотерии — группа доисторических животных, похожих на носорогов

Вечная мерзлота — никогда не оттаивающая почва в северных районах Земного шара

Ворвань — китовый подкожный жир

Вымерший — не являющийся более частью жизни на Земле

Вымирание — исчезновение существующих видов из-за природных и других причин

Гастролиты — камни, проглатываемые для лучшего переваривания жесткой растительной пищи

Гадрозавр — группа утконосых динозавров

Гинкго — невысокие деревья с веерообразными листьями

Девон — период всемирной истории, 408—360 млн лет назад

ДНК (дезоксирибонуклеиновая кислота) — вещество, содержащееся в хромосомах животных и растений, которое отвечает за передающиеся по наследству свойства

Естественная среда обитания — см. место обитания

Живое ископаемое — животное или растение, считавшееся вымершим, а позднее обнаруженное в живом виде

Завроподы — длинношеие растительноядные динозавры, жившие преимущественно в юрский период

Интродукция — вселение на определенную территорию

Ископаемые остатки — также окаменелости, фоссилии; остатки или следы жизнедеятельности организмов геологического прошлого, сохранившиеся в осадочных породах

Ископаемый — см. окаменевший

Каннибал — животное, поедающее представителей собственного вида

Консервационисты — сторонники движения в защиту окружающей среды

Копролиты — окаменевшие экскременты

Копытное — животное, имеющее копыта

Костеносный горизонт — геологический пласт, в котором залегают ископаемые останки животной и растительной жизни

Креодонты — группа хищников, жившая 55—36 млн лет назад

Криптозоология — наука о невиданных животных

Крокодилообразные — относящиеся к отряду крокодилов

Летающие драконы — рептилии с крылообразными кожными складками, помогающими им перелетать с места на место

Маскирующая окраска — также маскировка; раскраска, позволяющая растению или животному стать неотличимым от фона

Мел — также меловой период; период всемирной истории, 144—65 млн лет назад

Место обитания — тип окружающей среды, для проживания в которой приспособлено данное животное

Миграция — передвижение стада на другую территорию

Миоцен — эпоха, начавшаяся примерно 25 млн лет назад

Млекопитающее — животное, производящее на свет живое потомство и вскармливающее его молоком

Наскальные рисунки — изображения на стенах пещер, выполненные древними людьми

Непарнокопытное — также непарнопалое; научное название животного, имеющего на каждой конечности по копыту или по растроенному копыту (т. е. число пальцев на конечности 1 или 3)

Нотоунгуляты — отряд вымерших копытных

Обезвоживание — потеря организмом воды

Однопроходные — животные с единственным отверстием, в которое открываются его репродуктивная, пищеварительная и мочевыделительная системы

Окаменевший — сохранившийся в камне, янтаре или другом веществе

Олигоцен — геологическая эпоха, начавшаяся примерно 40 млн лет назад

Орнитолог — специалист по птицам

Палеонтолог — ученый, изучающий ископаемых животных

Панцирные рыбы — группа девонских рыб с броней на теле

Пеликозавр — пресмыкающееся с «парусом» на спине, такое как диметродон

Пермь — период, предшествовавший триасовому периоду, в конце которого произошло массовое вымирание

Плейстоцен — эпоха, начавшаяся примерно 1,8 млн лет назад

Плотоядные — питающиеся мясом

Проехидна — древний родственник ехидны

Птерозавр — летающий ящер, современник динозавров

Резерват — тип охраняемой территории, на которой животные находятся под защитой закона

Сумчатое — млекопитающее, носящее детенышей в сумке

Третичный период — период, длившийся с 65 по 2 млн лет назад

Триас — также триасовый период; геологический период, длившийся с 249 по 213 млн лет назад

Щит — другое название панциря черепахи

Усатый кит — кит, имеющий пластины из рогового вещества, растущие из неба в его ротовой полости

Фауна — животная жизнь

Флора — растительная жизнь

Хвощи — растения с перистыми листьями

Эволюционировать — адаптироваться (приспосабливаться), изменяясь со временем

Эволюция — природный процесс, при котором свойства группы организмов совершенствуются в течение многих поколений путем естественного отбора. Ведет к появлению новых видов

Энвироника — наука, изучающая природу и ее охрану

Эоцен — эпоха всемирной истории, рамки которой определяются примерно 50—36 млн лет назад

Юра — также юрский период; период, длившийся с 213 млн лет назад по 144 млн лет назад

Янтарь — окаменевшая древесная смола